道路交通治理技术应用研究

常安德 著

中国人民公安大学出版社
CPPSUP 全国百佳图书出版单位

图书在版编目（CIP）数据

道路交通治理技术应用研究 / 常安德著. -- 北京 : 中国人民公安大学出版社, 2024. 12. -- ISBN 978-7-5653-4909-6

Ⅰ. U491

中国国家版本馆 CIP 数据核字第 20256A3X40 号

道路交通治理技术应用研究

常安德　著

责任编辑：马东方
责任印制：周振东

出版发行：中国人民公安大学出版社
地　　址：北京市西城区木樨地南里
邮政编码：100038
经　　销：新华书店
印　　刷：北京市泰锐印刷有限责任公司

版　　次：2024 年 12 月第 1 版
印　　次：2024 年 12 月第 1 次
印　　张：12. 25
开　　本：787 毫米×1092 毫米　1/16
字　　数：200 千字

书　　号：ISBN 978-7-5653-4909-6
定　　价：60. 00 元

网　　址：www.cppsup.com.cn　www.porclub.com.cn
电子邮箱：zbs@ cppsup.com　zbs@ cppsu.edu.cn

营销中心电话：010-83903991
读者服务部电话（门市）：010-83903257
警官读者俱乐部电话（网购、邮购）：010-83901775
公安业务分社电话：010-83906108

目　　录

绪论

1.1 背景

交通运输是国民经济的基础性、先导性、战略性产业，是重要的服务性行业和现代化经济体系的重要组成部分。交通运输对于社会经济发展、人民生产生活具有十分重要的作用。道路运输作为交通运输体系的重要组成部分，承担着推动经济发展、服务民生的重要使命。然而，目前很多国家道路交通系统的建设、运营及发展面临着诸多挑战。例如，汽车保有量快速增长与集中化；交通安全形势严峻；交通拥堵持续恶化；货物运输效率偏低；噪声、尾气等交通污染严重，等等。

面对纷繁复杂的交通问题，多年来各国政府、交通主管部门、科技界及学术界一直在不懈努力，力求优化道路交通系统，提高交通出行质量。交通问题的核心在于社会、经济及环境之间的冲突。解决交通问题的关键是在宏观层面如何调配城市规划、土地开发、道路网络与交通需求之间的关系，且在微观层面怎样协调人、车、路与环境之间的关系。

在实际工作中，道路交通管理部门更多的是要基于既有道路网络、道路设施及交通环境，通过易实施的工程手段、管控措施等对交通系统进行治理，解决、缓解或调节交通供需矛盾，达到管理效果。

1.2 道路交通治理目标

道路交通治理技术，是指针对机动车、非机动车、行人等各类道路使用者的出行需求，通过交通组织、交通控制、设施布置、车辆引导等方面的措施，保障道路交通系统具有更高的安全性、畅通性、有序性、便捷性及经济性，并尽可能降低环境污染的一项技术性工作。

在实际的道路交通治理工作中，不同位置、不同时间或不同主体，往往又会形成不一致的治理目标。甚至不同的目标之间还可能产生矛盾，必要时应互相协调。

道路交通治理的具体目标主要包括以下内容：

（1）尽可能减小交通事故发生的概率，特别是在各等级公路、城市快速路、人行横道处等，交通事故预防是重中之重；

（2）提高交叉口或道路的通行能力，降低交通拥堵水平，此目标对于城市中心区道路尤为重要；

（3）规范道路交通运行秩序，特别是在混合交通突出、畸形交叉口等位置或学校、医院、商场、市场、车站、老旧居民区等区域；

（4）提高慢行交通运行质量，重点是提升步行与骑行交通方式的安全性、便捷性及出行体验；

（5）完善无障碍道路交通设施；

（6）提高停车便捷性，同时应考虑交通需求调控的宏观目标；

（7）提高公交车通行效率，并在实施公交优先发展政策的同时考虑过渡期背景交通的承受能力；

（8）提升接送学生、就医、接（送）站、换乘、旅游、参加大型活动等出行的便捷性；

（9）提升救护车、消防车、警车等特种车辆执行任务期间的通行便捷性；

（10）提高公路货运车辆的生产力与安全性，其对实现道路交通运输任务的经济目标尤为重要；

（11）保障道路使用者获得道路交通信息的准确性、时效性及持续性；

（12）减少能源消耗与环境污染，包括空气污染、噪声污染、振动污染等；

（13）提升道路交通管理工作的公众认可度；

（14）降低交通管理者不必要的劳动强度，也就是实现“向机制要警力”“向专业要警力”“向科技要警力”；

（15）减少交通管理工作不必要的经济投资，也就是提高交通管理工作投入的产出比。

1.3 道路交通治理要素

道路交通治理的主体一般是指各级交通管理部门，在我国主要是由公安机关交通管理部门负责道路交通治理工作。道路交通治理的客体是指人、车、路及环境，涉及的基本要素有交通需求、交通行为、车辆性能、道路条件、交通设施、路域环境及相关的法律、法规、规章、标准等。

（1）交通流特性。在交通治理工作中，交通流特性主要是指车辆流动规律性的反映，一般通过交通流参数之间的数学关系进行表达。交通流参数包括流量、速度、密度等基本参数，还包括饱和度、延误、车头时距等衍生参数。利用交通流特性可以监测、分析或预测交通状态，进而制定更有效的交通治理方案。

（2）法律、法规、规章、标准。在交通管理工作中，法律一般是指由全国人民代表大会及其常务委员会制定的具有普遍约束力的规范性文件，如《中华人民共和国道路交通安全法》；法规包括行政法规、地方性法规等，行政法规是指由国务院制定的规范性文件，如《中华人民共和国道路交通安全法实施条例》，地方性法规是指由省、自治区、直辖市等人民代表大会及其常务委员会根据本行政区域具体情况制定的规范性文件；规章分为部门规章和地方政府规章，部门规章是指由国务院各部委制定的具有行政管理性质的规范性文件，如《道路交通事故处理程序规定》，地方政府规章是指由省、自治区、直辖市或较大市人民政府制定的规范性文件；标准一般是指由国家标准化管理委员会（国标）、国务院有关行政主管部门（行标）等制定的具有强制或推荐性质的技术标准，如《道路交通标志和标线》（GB 5768）。有关的法律、法规、规章及标准均是开展交通管理工作的重要依据性文件。

（3）交通需求。道路交通需求是指在日常生活中人们对于交通出行的各方面需求，如上学、上班、购物、娱乐、旅游等。了解并掌握道路交通需求对交通治理工作非常重要，有助于道路交通管理部门合理规划交通路线、调节交通量、制定管控措施、预防交通事故，从而充分保障交通治理效果。

（4）交通行为。交通行为是指人们在驾驶、骑行或步行过程中做出的行为选择，如操作交通工具、速度选择、交通违法行为等。良好的交通行为可以确保道路使用者的交通安全，提高出行效率。规范并引导道路使用者的交通行为对交通治理工作非常重要，有助于降低交通事故发生的概率，提升整体交通运行质量。

(5) 车辆性能。车辆性能是指机动车或其他交通工具在使用过程中所表现出来的各种特点与能力，一般包括车辆的最高速度、加速度、制动性能、转弯半径、燃油经济性、舒适性、安全性等。车辆性能的优劣对行车安全、行驶效率及出行体验都有重要的影响，进而也对交通治理工作产生一定的影响。近年来，越来越多的高新技术用于提高车辆性能，也给交通治理的效果提升带来巨大的想象空间，如车联网、自动驾驶等技术。

(6) 道路条件。道路条件一般包括道路功能、道路等级、道路线形、断面布置、道路宽度、路面条件、路基条件、视距条件、交叉结构、接入情况、结构物、排水设施等，主要是指道路工程部分。良好的道路条件能够提高交通流畅度，保障基本的交通安全。例如，柔顺的道路线形可使车辆平稳通行，减少驾驶人的行车负担，减少交通事故的发生。

(7) 交通管理设施。交通管理设施包括交通标线、交通标志、交通标牌、信号灯、隔离设施、防护设施、反光设施、防眩设施、视线诱导设施、交通监控设备、信息发布设备、车辆检测器以及一些新兴的智能化设备，主要是指交通工程部分。道路工程是实现交通功能的基础载体，交通工程是实施交通管理的重要抓手，二者相辅相成，难以彻底切割。一个优秀的交通工程方案可以适当弥补道路工程的不足，也可以推动道路工程的优化整改。交通管理部门通过交通管理设施可影响道路使用者的交通行为，满足道路使用者的交通需求，实现预定的交通治理目标。

(8) 路域环境。除了交通需求、道路条件及交通设施外，道路周边环境因素也会影响道路使用者的交通行为，包括天气环境、光照环境、声音环境、人文环境等。不良环境会增加交通治理的难度。例如，如果下雨或下雪，道路变得湿滑，则势必增加车辆打滑失控的风险，此时交通管理部门需要引导驾驶人减速慢行。

1.4 主要内容

(1) 绪论。主要介绍交通治理的综合性内容。

(2) 交通组织设计。阐述交通组织设计的技术要点与应用案例，包括交叉口渠化、交叉口禁左、单行组织、出入口组织、可变导向车道、借道左转、潮汐

车道、路段人行横道等方面的设计内容。

（3）信号控制策略。阐述信号控制策略的技术要点与应用案例，包括工作日控制策略、双休日控制策略及法定节假日控制策略。

（4）信号配时优化。阐述信号配时优化的技术要点与应用案例，包括时段划分、周期时长优化、相位优化、相序优化、绿信比优化、干线绿波优化、公交信号优先及短连线信号协调等。

（5）城市道路设施标准化排查。阐述城市道路设施标准化排查的技术要点与应用案例，涉及交通标志、交通标线及交通信号灯等排查内容。

（6）公路交通安全隐患排查。阐述公路交通安全隐患排查的技术要点与应用案例，涉及交叉口、接入口、弯坡道、穿村过镇路段、其他路段等存在的隐患问题。

（7）交通工程技术分析。阐述交通工程技术分析的应用案例，包括信号灯设置可行性分析、驾驶人路径选择行为分析、限速值优化分析、交通事故分析、自动驾驶测试道路认定分析等内容。

第 2 章 交通组织设计

交通组织设计是指根据交通需求、道路条件、交通特性等从空间维度对道路交通流进行组织、管理及控制的过程。

2.1 交叉口渠化

交叉口渠化是指在交叉口功能范围内，通过交通标线、交通标志、隔离设施、导流岛或局部拓宽道路等措施，对交通流进行分流与导向设计，以使不同类型、不同方向、不同速度的机动车、非机动车及行人犹如渠道内的水流一样，自然、安全、有序通过。

2.1.1 技术要点

（1）基本原则。

①安全性原则：充分保障各类交通流的通行秩序，减小交通冲突，降低发生交通事故的概率；

②分离性原则：在时间或空间上，合理分离机动车、非机动车及行人，减少不同交通流混行及其相互干扰；

③畅通性原则：根据交叉口运行效率与服务水平，科学设置与交通需求相匹配的车道数量及功能；

④连续性原则：保证各类交通流运行具有较好的连续性，尽量减少停止次数，缩减待行时长。

（2）主要内容。

①进出口车道功能、数量及宽度确定；

②非机动车通道与待行区设计；
③人行横道与安全岛设计；
④转弯设计，包括转弯半径、左转待行区、右转危险区等；
⑤特殊车道设计，包括专用车道、潮汐车道、可变车道、借道左转等；
⑥交叉口功能范围内公交停靠站设计；
⑦复杂交叉口精细设计，如导流线、导向线等；
⑧交通管理设施设计，包括标线、标志、信号灯、隔离设施、电子警察等；
⑨交通安全设施设计，包括防撞设施、减速设施、反光设施等；
⑩特定场景下其他设计内容。

2.1.2 典型案例

（1）概况。珠江广场位于某市南部，是由朝阳大街、珠江路、龙山街及机场路相交而成的“六路交叉”椭圆状环形交叉口。作为城市关键交通节点，交通压力很大，特别是早晚高峰时段，如图2-1所示。

图2-1 珠江广场改造前景象

（2）问题分析。珠江广场“六路交叉”的相交角度不规则，而且环岛南北两侧交织段较短，导致高峰时段车辆交织运行困难，瓶颈效应明显。

珠江广场早晚高峰时段机动车交通需求超过5000pcu/h，远超此环岛的通行能力上限，导致高峰时段交叉口内的交通运行混乱、交通拥堵严重且向周边迅速扩散。

珠江广场平均每日发生 1.5 起交通事故，且集中在早晚高峰时段，事故车辆平均滞留 10~15min，进一步加剧交通拥堵。另外，中心岛内设有市民活动广场，行人进出中心岛的安全风险偏高。

（3）渠化方案。调整交叉口南北主线的道路线形，打造东西、南北方向主线“十字交叉”的交叉口基本结构；缩小交叉口的面积，增设导流岛，规定行车轨迹，增设慢行、绿化与立杆空间；采用信号控制，采取近似于十字交叉口的 4 相位信号放行方案，尽量压缩信号周期时长；完善珠江广场周边的微循环交通组织，合理通过禁左、右转及单行，减少交通流冲突；优化交叉口附近的公交停靠站，保障非机动车、行人路权及通行空间的连续性，如图 2-2 所示。

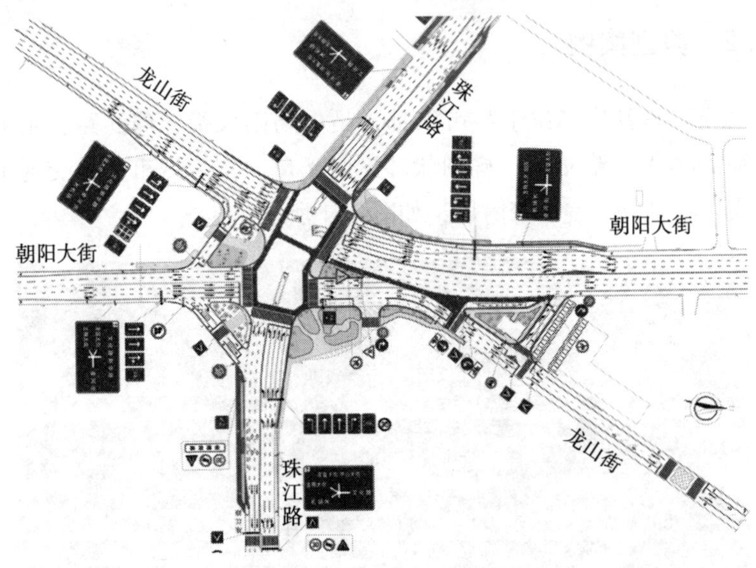

图 2-2　珠江广场渠化设计图

（4）效果评价。珠江广场改造后，显著提高了交叉口通行能力，有效规范了交通流运行秩序，大大缩短了行人过街距离，大幅减少了交通事故数量，如图 2-3 所示。

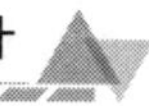

图 2-3　珠江广场改造效果

2.2　交叉口禁左设计

禁左交通组织措施可提高交叉口通行能力，缓解交叉口交通压力，均衡路网交通需求。但由于禁左交通组织势必造成被禁车流的绕行，影响通行体验，同时增加绕行道路的交通压力，所以禁左交通组织措施应科学、合理且适量设置。

2.2.1　技术要点

（1）设置条件。

①左转交通量较小，但对直行车流通行产生较大的影响；

②交叉口流量接近饱和，左转交通相对处于次要地位；

③左转车道长度不足，高峰期左转车辆排队严重影响直行车；

④被禁车流有可绕行路线，且绕行不会带来新堵点。

（2）主要内容。

①调查交叉口流向流量，分析左转车流对交叉口运行的影响程度，论证实施禁左交通组织的可行性；

②完善与禁左交通组织相配套的交通标志标线；

③完善与禁左交通组织相配套的信号灯，并调整信号运行方案。

2.2.2 典型案例

(1) 概况。白山路属于某市西北二环一部分，南北两侧大片居民区交通需求均由白山路汇至二环快速路，其中白山路—西江街交叉口的交通拥堵最严重，特别是工作日早晚高峰交通压力大，车流运行不通畅，如图 2-4 所示。

图 2-4 白山路—西江街交叉口位置

(2) 问题分析。西江街是连接城市一、二、三环的重要道路，白山路—西江街交叉口东进口以白山路左转进入西江街为主，西进口以白山路直行为主，交叉口通行需求较大，导致常发性交通拥堵严重。

白山路—西江街交叉口附近由于新建高层小区较多，道路已在超负荷运行。交叉口现状信号方案采用 3 相位控制，东进口以左转交通流为主，西进口以直行交通流为主。但高峰时段每个信号周期东进口都有大量左转车滞留交叉口内，等待下个相位与南北直行车辆一起通行，极大降低了东进口通行效率，也阻碍了南北方向交通流的正常通行，如图 2-5 所示。

图 2-5　白山路—西江街交叉口直左冲突严重

(3) 禁左方案。3 相位信号控制方案造成了白山路—西江街交叉口秩序混乱，若采用 4 相位信号控制方案则会造成交叉口排队过长，甚至堵塞周边交叉口，考虑可将白山路—西江街交叉口东、西进口左转取消，引导机动车在下游交叉口远引掉头，提升交叉口的通行效率，如图 2-6 所示。

图 2-6　白山路—西江街交叉口远引掉头路线

白山路—西江街交叉口距离白山路—巴黎世家交叉口 500m 左右，距离白山路—宁江街交叉口 350m 左右，具备条件采取双掉头方式。周边交叉口信号控制方案为第 1 相位东西直行放行，第 2 相位南北直行放行，第 3 相位东西掉头放行。

(4) 效果评价。通过交通仿真软件模拟白山路—西江街交叉口东西禁止左转后实施远引掉头方案的可行性，交叉口的运行效率可得到有效提高，而且在消除东西左转的影响后，南北方向的车辆延误也有了明显降低，此外东进口左转车辆远引掉头的通行效率较之前有较大提升。

2.3 单行组织设计

单行组织是指在规定路段、规定时间，全部或部分车辆只能按同一方向行驶的道路交通组织形式，主要涉及机动车单行。通过单行组织可提高交通流的畅通程度，进而提高道路的通行能力，但其势必造成部分机动车增加绕行距离，所以单行组织的实施应提前开展技术论证。

2.3.1 技术要点

（1）设置条件。

①周边道路交通组织良好，道路双向交通达到饱和状态的支路或次干路；

②周边拥有平行且可作为反向单行配套的贯通道路或组合道路；

③由于道路过窄、路内停车等，道路空间不满足双向通行；

④沿线开口较多，左转交通流对主线交通流影响较大；

⑤平行于较大流量的主干路，承担对主干路交通分流的作用；

⑥五路或五路以上相交的畸形交叉口，低等级道路驶入车流对交叉口整体运行干扰较大。

（2）主要内容。

①单行路起终点、通行方向、通行车种、通行时间等确定；

②单行路沿线交叉口、出入口的机动车、非机动车及行人交通组织设计；

③反向交通的绕行路线设计；

④单行路起终点处单、双向交通的衔接设计；

⑤沿线交通管理设施设计，包括标志、标线、信号灯、监测设备等；

⑥相邻交叉口与单向交通有关的指示、绕行、告示等标志设计；

⑦其他交通设施设计，包括单行路沿线过街设施、停车设施等；

⑧受单行路影响的公交线路与停靠站调整设计。

2.3.2 典型案例

（1）概况。文富路区域位于某市老城区，由文富路、文富北路及文富北路25巷等街路组成，整体被万柳塘路、文化东路及富民街合围，如图2-7所示。

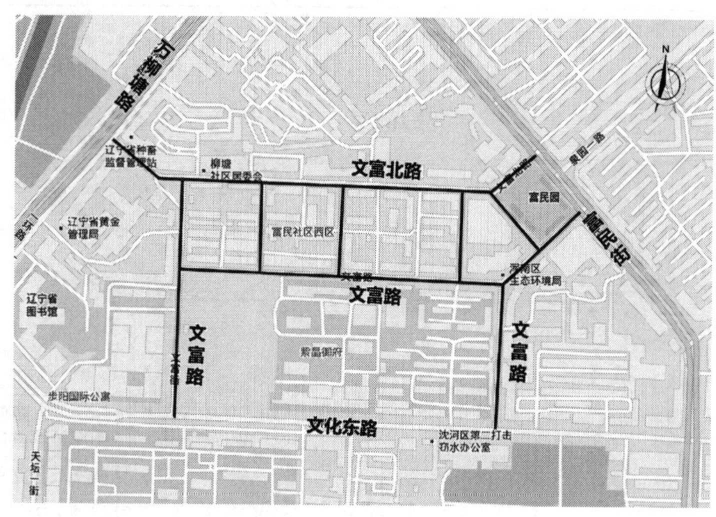

图2-7 文富路区域范围

（2）问题分析。区域内居民小区密集，且临近南塔鞋城，商业、居住出行及停车需求均较多，行车与停车矛盾突出；区域内人车混行现象严重，交通秩序混乱；区域内文富路、文富北路等路网贯通性差，周边道路交叉口结构较复杂，如图2-8所示。

图2-8 文富路改造前景象

（3）单行方案。将东西走向的文富路中段调整为自西向东的单行路，文富北路中段调整为自东向西的单行路，作为单行路连接配套，将文富路、文富北路中段两条道路之间 3 条南北走向的小巷均调整为单行路，共同形成多个单行环状通道，如图 2–9 所示。

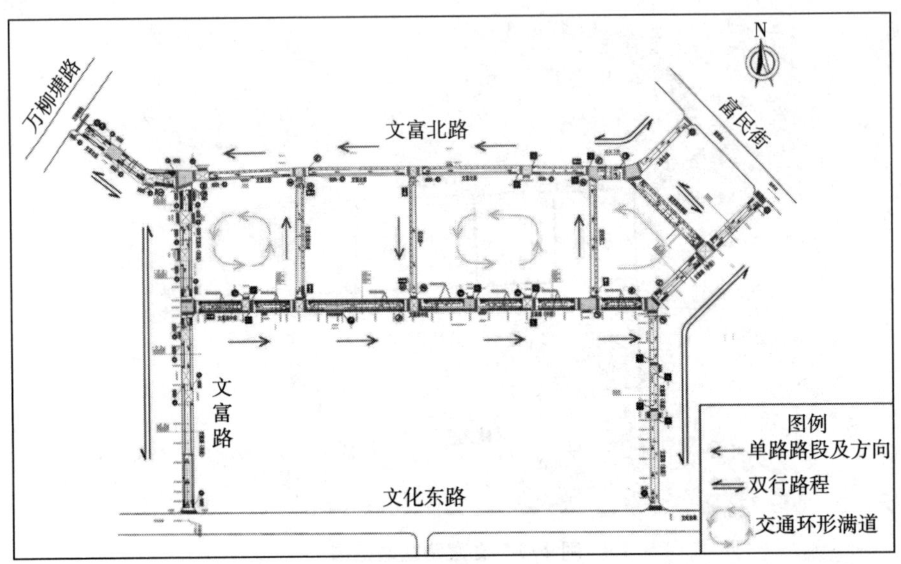

图 2–9　文富路区域交通组织方案

（4）效果评价。通过区域内单行交通组织，同时合理设置路内停车泊位，有效解决了机动车通行、停车及非机动车路权保障问题，并通过街路更新改造，实现了机非分离、人非分离，全面提高了文富路区域的交通安全水平，如图 2–10 所示。

图 2–10　文富路单行改造后效果

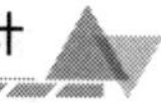

2.4 出入口组织设计

城市道路出入口是指地块内部道路与城市道路间的衔接点。城市道路出入口组织是一种对出入口位置、间距、设计及运行进行系统控制的管理措施。出入口组织的目的是为机动车提供合理的出入口，同时科学处理从出入口进出城市道路的交通流及与主线交通流的合流、分流甚至冲突等问题。

2.4.1 技术要点

（1）基本原则。

①减少冲突原则：为保证主线交通连续性，尽量对出入口位置实施“右进右出”交通组织。受路网条件、需求分布等因素的限制，确需左转通行时应开展出入口交通组织方案论证。

②保障安全原则：受出入口视距条件、主线车速等因素影响，出入口交通事故多发时，应通过增加中央隔离设施、电子警察设备等措施杜绝违法交通行为，必要时可考虑出入口封闭处理。

（2）主要内容。

①核查主线道路等级、道路功能、运行速度及路网条件；

②核查出入口位置、间距、视距等条件；

③制定出入口交通组织方案；

④完成出入口配套交通设施设计，包括标志、标线、减速等设施。

2.4.2 典型案例

（1）概况。某市兵山大街为城市主干路，道路沿线小区出入口众多，甚至一个小区存在多个出入口接入，严重影响主线的通行效率。例如，宏大小区共有 6 个出入口，其中 3 个出入口开在兵山大街，2 个出入口开在北侧站南路，1 个出入口开在西侧古城街，如图 2-11 所示。

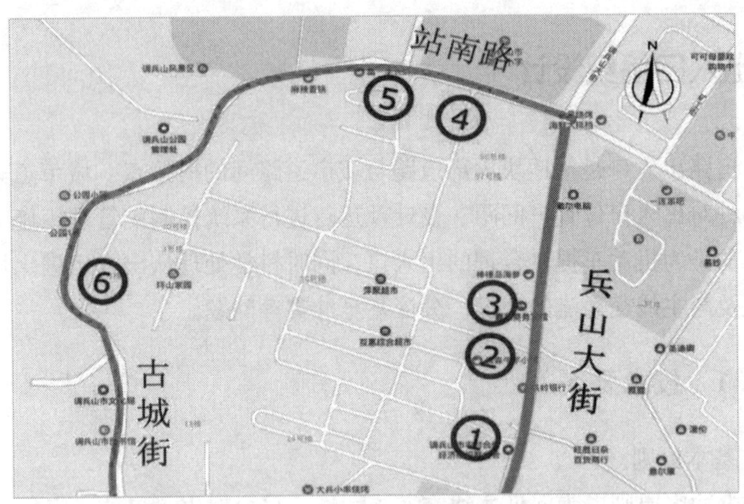

图 2-11　宏大小区出入口分布

（2）问题分析。兵山大街作为连接城市南北走向的主干路，日常通行需求较大，早晚高峰的交通拥堵严重；兵山大街小区的出入口密度过大，且部分出入口间距偏小，进出车辆严重影响主线的通行效率，同时影响干线信号协调效果；沿线多数小区拥有 2 个以上出入口，现状接入主线较随意，缺少科学的出入口交通组织。

（3）组织方案。结合实际情况尽可能减少开在兵山大街上的小区出入口，优先选择小区周边其他道路接入城市路网；兵山大街增设中央隔离栏，出入口尽量实施“右进右出”；对于出入口少且不具备绕行条件的情况，对出入口实施早晚高峰限时禁左的管理措施；同步优化兵山大街周边道路与交叉口交通组织方案、交通设施及信号配时。

（4）效果评价。出入口交通组织优化方案实施后兵山大街横向干扰大幅减少，主线交通运行的连续性显著提高，且未对居民出行的便捷性产生较大影响，同时配合其他交通优化措施后，周边区域道路的交通秩序、交通安全及出行效率均有所改善，如图 2-12 所示。

图 2-12　兵山大街出入口组织优化后效果

2.5　可变导向车道设计

如果交叉口各方向流量日常变化不大，则可通过更合理的信号配时方案提高交叉口的通行效率。但若交叉口各方向流量的日常变化较大，则除依靠信号配时方案以外，还可以考虑通过设置可变导向车道，调整交叉口车道功能，更好适应交叉口的流量变化。

2.5.1　技术要点

（1）设置条件。

①道路条件：进口道需要拥有足够的车道数量，保证各方向车流都能顺利通行，一般不少于 3 条进口车道；

②交通条件：进口道某一导向方向的时段性流量变化明显，而且此进口道直行与左转流量呈现一定的互补性；

③信号条件：交叉口相应进口道左转与直行相位可分开设置。

（2）主要内容。

①进出口车道功能与数量确定；

②可变导向车道固定切换时段划分或检测器布设设计；

③交通管理设施设计，包括标线、标志、信号灯、电子警察等。

2.5.2 典型案例

（1）概况。某市鸭绿江街—崇山东路交叉口距离上游鸭绿江东街路口较近，其间有高架桥起点，道路情况复杂，高峰时段易发生交通拥堵。东进口原本设置4条进口车道，后经道路改造拓宽为5条进口车道，如图2-13所示。

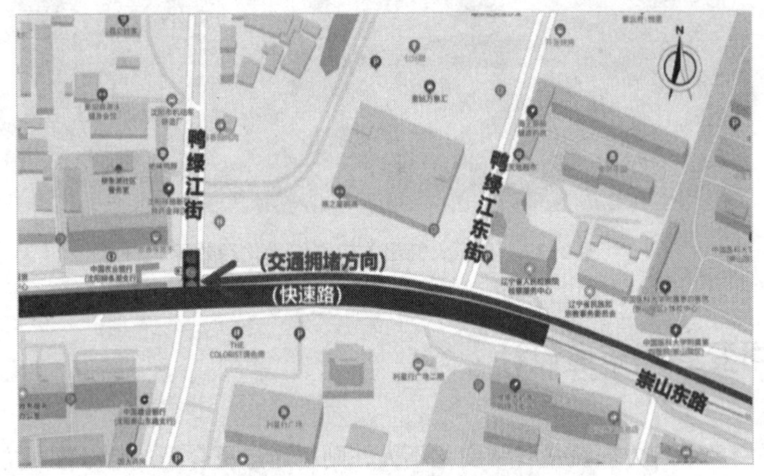

图2-13 鸭绿江街—崇山东路交叉口位置

（2）问题分析。交叉口东进口拥堵严重，而且不同时段直行与左转车流不均衡性明显。早晚高峰时东进口直行车流量较大，左转车流量较小；平峰时东进口左转车流量比早高峰有所增加，但直行车流量下降明显。

交叉口东进口共有5条车道，1条左转掉头、1条左转、1条直行、1条直右、1条右转。由于车道功能与其通行需求不匹配，导致早晚高峰直行通行能力不足，车辆排队过长，左转、左转掉头车道利用率偏低。为缓解交叉口交通拥堵，仅仅通过信号相位优化收效甚微。

（3）设置方案。将东进口左侧第2条车道设置为可变导向车道，根据流量变化设置定时切换模式，早晚高峰调整为直行车道，其余时段设置为左转车道，并将车道指示标志改造为LED标志，加强交叉口车流的动态指引。

（4）效果评价。鸭绿江街—崇山东路交叉口可变导向车道方案实施后大大缩短了交叉口东口的排队长度，再配合信号配时优化使交叉口整体通行效率得到了显著提高，如图2-14所示。

图 2-14 鸭绿江街—崇山东路交叉口可变导向车道设置效果

2. 6 借道左转设计

借道左转是指在交叉口左转专用车道邻近的出口道动态增加 1 条或多条左转车道，即左转车辆可以借用出口车道完成左转的一种交通组织方式。借道左转的基本原理是利用交叉口时空关系，通过特殊的信号控制方式，临时分配出口车道的左转通行权，让左转车辆可以借用出口车道左转，同时保证在本周期左转相位结束前，进入借道区的车辆能够放空，在保证交通安全的前提下，提高左转车流的通行效率。

2. 6. 1 技术要点

（1）设置条件。

①流量条件：如果进口道左转通行能力不足，且已无条件增加左转车道，则可考虑采用借道左转的交通组织方式。

②道路条件：借道左转适用于双向 6 车道及以上的城市干路交叉口；设置借道左转的方向对应出口车道数一般不少于 3 条；设置借道左转方向对应出口道应与下游交叉口具有充足的距离，借道车辆不可滞留借道区域；左转车辆驶入的出口车道数不少于同时左转的车流数；交叉口空间应满足借道左转车辆的左转弯半径需求；进出借道区域的车辆视线良好。

③信号条件：无法通过优化交叉口左转相位相序或增加左转相位时长提高左转通行效率；左转车流可单独控制。

（2）主要内容。

①开口位置与开口段长度计算；

②车道信号灯或动态显示屏设置；

③交通管理设施设计，包括标线、标志、信号灯、电子警察等。

2.6.2 典型案例

（1）概况。崇山路—鸭绿江街交叉口位于某市一环快速路桥下，是北部城区进入一环内的重要交通节点，北进口承担的交通压力较大。

（2）问题分析。由于交叉口北口左转驶入一环与南北快速干道的车流量较大，现有的 2 条左转车道难以满足大量左转需求，导致北口高峰时段左转车排队较长，且此交叉口的南侧受铁道影响为断头路，南北左转车流量不均衡，北口左转绿灯时间过长导致东西方向排队车辆堆积。因此，可考虑在交叉口北口设置借道左转，充分利用交叉口时空资源。

（3）设置方案。在交叉口北口设置借道左转车道，并优化信号相位相序，早晚高峰借道左转车道跟随北口左转相位启用；当行车道指示灯为绿灯时，交通诱导屏显示“绿灯允许左转借道”，左转车辆可借道左转；当行车道指示灯为红灯时，交通诱导屏显示“红灯禁止左转借道”，待左转车辆禁止借道左转，只能在进口道左转车道排队等待；已经进入借道左转车道的车辆根据交叉口的左转交通信号灯指示通行。由于此交叉口借道左转车道开口处掉头条件不佳，所以禁止机动车在此地点掉头，如图 2-15 所示。

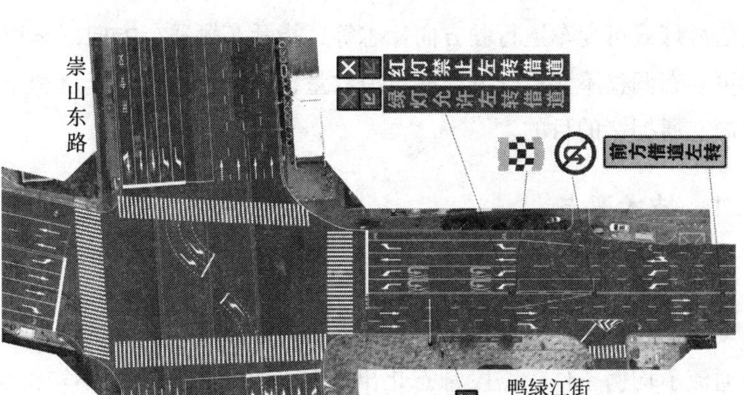

图 2-15　崇山路—鸭绿江街交叉口借道左转设计方案

（4）效果评价。崇山路—鸭绿江街交叉口北口设置借道左转后，预计平均每个信号周期至少可增加 9 辆左转车辆通行，从而可有效缓解交叉口北口的交通拥堵，如图 2-16 所示。

图 2-16　崇山路—鸭绿江街交叉口借道左转设置效果

2.7　潮汐车道设计

潮汐车道，是指根据不同时段车流量的潮汐性变化特点，通过设置潮汐车道线、车道信号灯或可变车道行驶方向标志等，指示车辆通行方向的车道。潮汐车道的设置可动态调整不同行驶方向的车道数量，从而达到提高车道利用率、缓解重车流方向交通拥堵的目的。

2.7.1 技术要点

（1）设置条件。

①机动车道数量条件：至少需要双向3条车道，最好双向5条及以上车道；

②交通流不均衡条件：路段常态化出现时段性、方向性的不均衡交通需求，且车流量比不小于1.5；

③道路通行能力条件：轻交通流方向车道数减少后通行能力依然可以满足通行需求。

（2）主要内容。

①潮汐车道起终点确定；

②潮汐车道起终点处的衔接设计；

③潮汐车道沿线交叉口左转交通流设计，采取禁左措施或设置可变车道；

④潮汐车道清空时间设计；

⑤潮汐车道限速优化设计；

⑥交通管理设施设计，包括标线、标志、信号灯、电子警察等。

2.7.2 典型案例

（1）概况。针对某市三好街高峰时段常发性拥堵问题，对其局部路段（文化路—文体路）分析潮汐车道设置的可行性。三好街（文化路—文体路）长1.2km，横断面形式为一幅路，双向6条机动车道，非机动车与行人共板。沿线现有信号控制交叉口3处，信号控制路段人行横道1处，无信号控制路段人行横道1处。

（2）问题分析。三好街（文化路—文体路）早晚高峰通行需求很大，车辆经常排满整条道路。晚高峰时段三好街西侧8个停车场出入口对由北向南车流运行干扰较大。尤其是电子商业街闭店时间恰与晚高峰时段重合，停车场驶出车流源源不断挤入三好街，导致交通拥堵雪上加霜。

（3）可行性分析。依据《城市道路交通组织设计规范》（GB/T 36670—

2018）的有关规定分析，三好街（文化路—文体路）路段双向 6 条机动车道，满足潮汐车道设置的车道数量条件；三好街工作日早高峰日均流向比达到 2.0，超过 1.5 的阈值；在路段单向减少为 2 条车道且三好街—文体路交叉口北进口同步减少 1 条直行导向车道的条件下，轻交通流方向剩余通行能力仍能满足机动车通行需求。

三好街（文化路—文体路）由南向北工作日早高峰满足潮汐车道的设置条件。经过分析，三好街由北向南工作日晚高峰虽然不具有潮汐特征，但为了缓解西侧停车场出车导致的交通拥堵，可通过由北向南方向增加 1 条车道提高通行能力。同时，此路段与其上下游相邻路段的车道数量相匹配，所以具备设置潮汐车道的可行性。

（4）设置方案。三好街（文化路—文体路）中间两车道设置潮汐车道，沿线设置 4 处门架式支撑结构，并同步设置车道信号灯、禁左标志、限速标志、限高标志等，如图 2-17 所示。

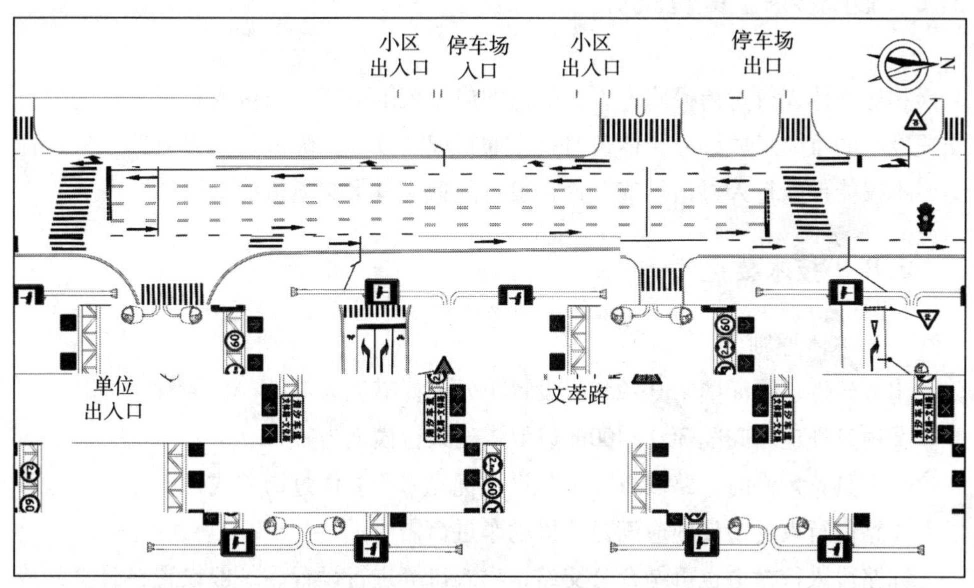

图 2-17　三好街（文化路—文体路）潮汐车道设置方案（局部）

（5）效果评价。通过交通仿真分析，三好街（文化路—文体路）设置潮汐车道后，预计高峰时段路段双向平均行程时间可减少 1/3 以上，从而有效缓解三好街整体交通拥堵，如图 2-18 所示。

图 2-18　三好街（文化路—文体路）潮汐车道设置效果

2.8　路段人行横道设计

相比立体人行过街设施，人行横道的应用范围更广。路段人行横道作为慢行交通设施的重要组成部分，体现对行人通行权的基本保障。规范设置路段人行横道，不仅能保障行人过街的安全性，也可降低对其他交通流的干扰。

2.8.1 技术要点

（1）基本原则。

①本地性道路间隔 150~250m 设置 1 处人行横道为宜；

②通过性道路间隔 300~400m 设置 1 处人行横道为宜；

③在具备条件时，路段行人过街设施优先采用立体过街方式；

④路段行人过街设施应满足非机动车过街需求；

⑤路段人行横道也可结合公交站、出入口等进行设置，一般设置在公交站或出入口的上游；

⑥当路面宽度大于 30m 或人行横道长度超过 16m 时（不包含非机动车道），应在道路适当位置设置行人过街安全岛。

（2）主要内容。

①人行横道与安全岛位置确定；

②交通管理设施设计，包括标线、标志、信号灯、电子警察、隔离设施等；

③交通安全设施设计，包括防撞设施、减速设施、反光设施等。

2.8.2　典型案例

（1）概况。某市国奥现代城路段人行横道位于黄河大街国奥现代城东侧，此处行人过街流量较大，而且行人过街需要横过黄河大街的双向 8 条机动车道，行人过街距离达 26m，如图 2–19 所示。

图 2–19　国奥现代城路段人行横道改造前景象

（2）问题分析。通过不合理侵占机动车通行空间的方式增设不具备安全条件的安全岛，行人过街安全岛设置过小，驻停行人难以得到安全保护；黄河大街双向有 8 条机动车道，行人一次过街距离偏长，而且行人过街寻找双向车流的可穿越间隙比较困难。

（3）设置方案。结合黄河大街现状车道分配条件，通过上下游左转车道展宽为行人二次过街提供驻足空间；人行横道两侧上游施划停止线、导向车道线、人行横道预告标识，并在导向车道线内施划纵向减速标线、“避让行人”等文字标记；补齐人行横道、注意行人等交通标志，如图 2–20 所示。

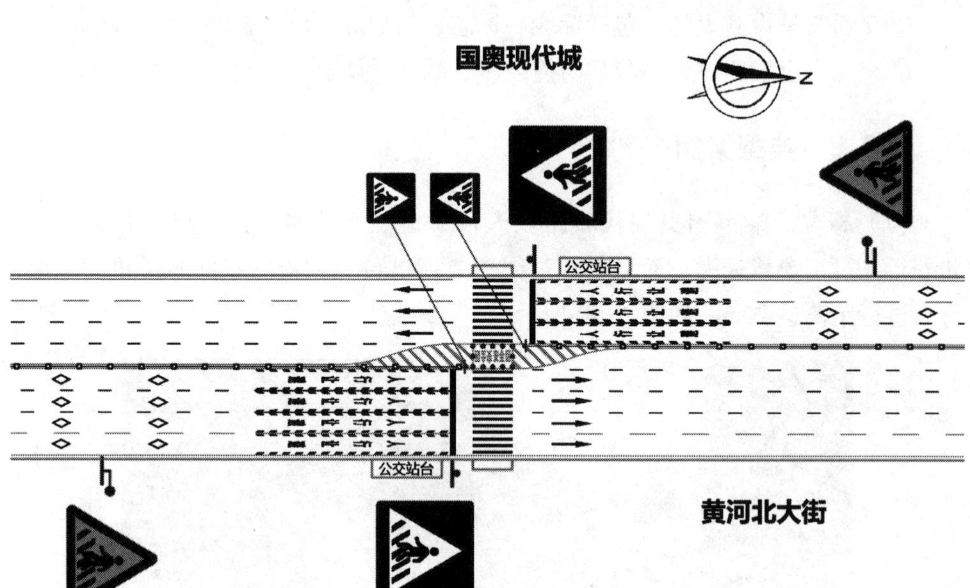

图 2-20 国奥现代城路段人行横道设置方案

（4）效果评价。国奥现代城人行横道改造方案实施后，显著缩短了行人一次过街距离，有效规范了行人的过街秩序，提高了行人过街的安全性，大幅减少了行人过街事故率，同时主线通行效率也得到了有效提升，如图 2-21 所示。

图 2-21 国奥现代城路段人行横道改造效果

第 3 章
信号控制策略

交通信号控制的目的是从时间维度组织不同方向的交通流，使之有序运行，并获得最大的交通安全性。若要做好信号控制，首先应从战略角度进行科学规划，最大限度保证交通信号运行的效果。本章将以某区为例，开展交通信号控制策略研究。

3.1　信号控制目标

首先区分交通高峰、平峰及低峰等交通状态，从宏观、中观及微观三个层面入手，明确交通信号控制的目标，如图 3-1 所示。

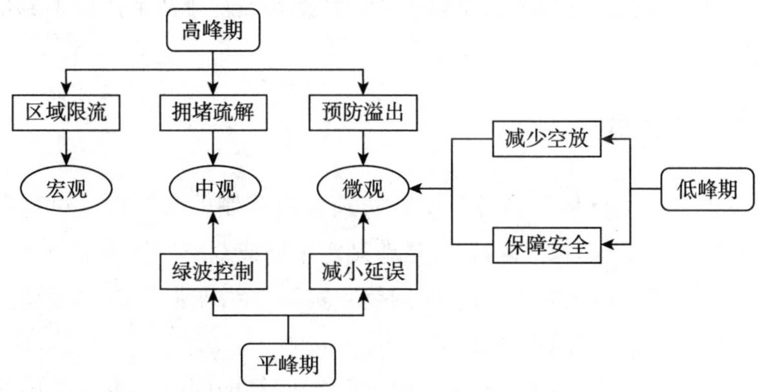

图 3-1　交通信号控制目标体系

3.1.1 高峰期

（1）区域限流。

①重点区域边界道路限流控制。明确重点区域控制边界，并确定边界控制点，根据交通流分布特征调整边界控制点的信号配时方案，达到交通流在区域边界缓进快出的目的。

②重点区域出入通道限流控制。确定重点区域的出入通道（干路），出城方向信号控制交叉口采用干线绿波协调控制，提高出城车辆通行效率；进城方向信号控制交叉口适当通过红灯截流，控制车辆的进城节奏，从而达到合理分流的目的。

（2）拥堵疏解。依据交通拥挤程度将路网分为易堵区、缓冲区及畅行区三个层级。通过调整易堵区边界信号控制交叉口的配时方案，控制外围车流驶入易堵区的速度，同时提高易堵区车流向外疏散的效率，从而达到将交通需求疏至缓冲区的目的。同理，通过调整缓冲区边界信号控制交叉口的配时方案，将其交通需求疏至畅行区。

（3）预防溢出。考虑交叉口间距、交通流状态等因素确定区域排队溢出高风险地段信息库。通过交叉口信号优化、区域信号协调、交叉口车道优化等手段，平衡各交叉口及各进口道的车辆排队，杜绝常发性排队上溯而引起的交通拥堵扩散现象。

3.1.2 平峰期

（1）绿波控制。分析区域各条干路实现绿波控制的必要性、可行性及所适合的绿波方向。对于有必要且可行的道路制定单向或双向绿波控制方案。在此基础上，考虑横、纵“绿波带”的联网问题，实现“绿波带”向“绿波网”的升级，最大限度提升通行者的驾驶体验。

（2）减小延误。在兼顾区域干线绿波控制效果的同时，重点考虑交叉口的运行效率，通过提高车流量与信号配时方案的匹配度，尽可能减小交叉口的车均延误，保证各交叉口服务水平最大化。

3.1.3　低峰期

（1）减少空放。

①实施感应控制。在有条件实现感应控制的交叉口，充分发挥低峰期车辆检测精度更高的优势，实施感应控制。特别是对车流量变化规律性差的交叉口，实施感应控制的效果更理想。

②压缩信号周期。对于无法实现感应控制的交叉口，低峰期可通过简化信号相位、优化信号配时等方式压缩信号控制周期，以达到总体减少交叉口绿灯空放时间的目的。

（2）保障安全。

①满足行人过街最小绿灯时间。无论是实施感应控制，还是压缩信号周期，都应满足交叉口行人过街的最小绿灯时间，以充分保障交叉口行人过街安全。

②基于安全评价简化信号相位。在减少交叉口信号相位前，需要分析潜在的安全隐患，对于满足条件的交叉口可以适当合并相位，但需跟踪后期交通事故发生的情况。

③慎用交通信号灯“黄闪”模式。除了需要充分考虑交叉口安全问题，低峰期执行信号灯的“黄闪”模式，还应解决法律支撑问题，即从法律层面规定此时交叉口的优先通行权。

3.2　工作日控制策略

某区8月工作日拥堵数据如图3-2所示。由图看出，工作日早高峰的拥堵指数峰值出现在周一8时，达到1.42，其他工作日早高峰的拥堵指数峰值不超过1.39。晚高峰的拥堵指数峰值出现在周五17时，达到1.4。其他工作日晚高峰的拥堵指数峰值不超过1.38。

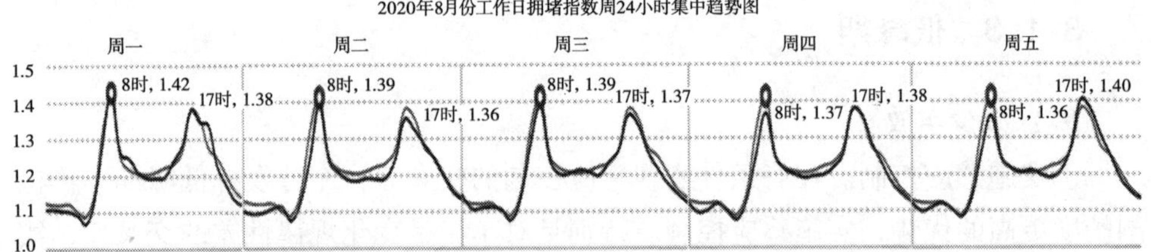

图 3-2　工作日拥堵指数周 24 小时变化趋势

依据“交通信号控制目标”，基于工作日交通运行态势，制定全区“早高峰进城缓速、平峰平稳有序，晚高峰快速出城、低峰保障安全”的信号控制策略。

3.2.1　早高峰

(1) 边界道路信号控制策略。根据早高峰时段道路拥堵指数情况分析，确定沈营大街—全运路—富民南街—南屏中路—文溯街为重点区域边界，北部边界因与市中心城区连接，所以不将其作为控制边界处理。重点区域的控制边界如图 3-3 所示。

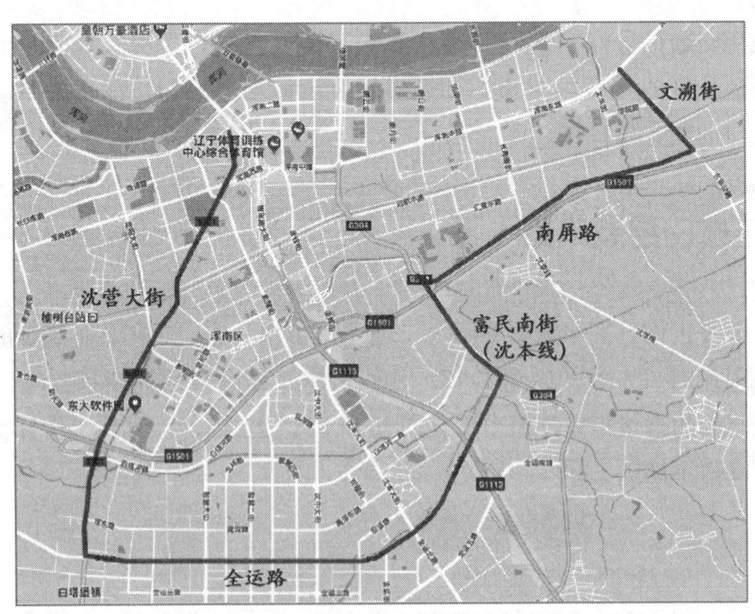

图 3-3　早高峰控制边界分布

外围进入重点区域的交叉口在高峰时段全部通过降低左转信号绿信比的方式，控制进入重点区域内部的车流量，保证重点区域内部的车流畅通。

①沈营大街。作为重点区域的控制边界，此路段从浑南西路—沈营大街交叉口到全运路—沈营大街交叉口，长7km，含8处信号灯。早高峰首要保障沈营大街南北通行效率，交通不拥堵时实行常规信号控制方案。当重点区域拥堵指数达到临界值时，或在7~9时，降低沿线交叉口北口左转的绿信比，控制进入重点区域的车流量。

②全运路。作为重点区域的控制边界，此路段从全运路—沈营大街交叉口到全运路—富民南街交叉口，长8km，含7处信号灯。早高峰首要保障全运路东西的通行效率，交通不拥堵时实行常规信号控制方案。当重点区域拥堵指数达到临界值时，或在7~9时，降低沿线交叉口西口左转信号的绿信比，控制进入重点区域的车流量。

③富民南街。作为重点区域的控制边界，此路段从全运路—富民南街交叉口到南屏中路—富民南街交叉口，长2.38km，含7处信号灯。早高峰首要保障富民南街南北通行效率，交通不拥堵时实行常规信号控制方案。当重点区域拥堵指数达到临界值时，或在7~9时，降低沿线交叉口南口左转信号的绿信比，控制进入重点区域车流量。

④南屏路。作为重点区域的控制边界，此路段从南屏中路—富民南街交叉口到南屏东路—文溯街交叉口，长4.73km，含5处信号灯。早高峰首要保障南屏路东西通行效率，交通不拥堵时实行常规信号控制方案。当重点区域拥堵指数达到临界值时，或在7~9时，降低沿线交叉口西口左转信号绿信比，控制进入重点区域的车流量。

⑤文溯街。作为重点区域的控制边界，此路段从南屏中路—文溯街交叉口到浑南中路—文溯街交叉口，长1.7km，含5处信号灯。早高峰首要保障文溯街南北的通行效率，交通不拥堵时实行常规信号控制方案。当重点区域拥堵指数达到临界值时，或在7~9时，降低沿线交叉口南口左转信号绿信比，控制进入重点区域的车流量。

（2）出入通道信号控制策略。在重点区域范围内，根据流量分布及道路特征，选取浑南中路、天坛南街、富民南街、新隆街及长青南街作为早高峰信号控制的主要通道，如图3-4所示。

图 3-4　早高峰信号控制主要通道分布

早高峰时段将在通道适当位置（信号控制交叉口）以外路段，通过调整交叉口信号相位相序、调整干线信号协调方式、调整交叉口信号配时等措施，调控进入重点区域的车辆数，降低重点区域的交通压力。

①浑南中路。交通不拥堵时浑南中路实行快进快出的信号控制方案。当浑南中路—文溯街交叉口东进口车辆排队长度达到临界值时，或在 7~9 时，浑南中路—文溯街交叉口以东的信号控制交叉口实行截流，控制东向西进入重点区域的车流量。

具体而言，如果此路段实行双向绿波，则调整为西向东单向绿波；如果此路段实行东向西单向绿波，则取消单向绿波协调；如果此路段未设置绿波协调，则开启东西方向的单口轮放相位，适当减少东口绿信比，以使车辆有序缓速进入，同时兼顾南北方向非机动车及行人的通行需求。

②天坛南街。交通不拥堵时天坛南街实行快进快出的信号控制方案。当沈本大街—全运路交叉口南进口车辆排队长度达到临界值时，或在 7~9 时，沈本大街—全运路交叉口以南的信号控制交叉口实行截流，控制南向北进入重点区域的车流量。

具体而言，如果此路段实行双向绿波，则调整为北向南单向绿波；如果此路段实行南向北单向绿波，则取消单向绿波协调；如果此路段未设置绿波协调，则

开启南北方向单口轮放相位，适当减少南口绿信比，以使车辆有序缓速进入，同时兼顾东西方向非机动车及行人的通行需求。

③富民南街。交通不拥堵时富民南街实行快进快出的信号控制方案。当沈本线—全运路交叉口南进口的车辆排队长度达到临界值时，或在7~9时，沈本线—全运路交叉口以南的信号控制交叉口实行截流，控制南向北方向进入重点区域的车流量。

具体而言，如果此路段实行双向绿波，则调整为北向南的单向绿波；如果此路段实行南向北单向绿波，则取消单向绿波协调；如果此路段未设置绿波协调，则开启南北方向单口轮放相位，适当减少南口的绿信比，以使车辆有序缓速进入，同时兼顾东西方向非机动车及行人的通行需求。

④新隆街。交通不拥堵时新隆街实行快进快出的信号控制方案。当沈中大街—全运路交叉口南进口的车辆排队长度达到临界值时，或在7~9时，沈中大街—全运路交叉口以南的信号控制交叉口实行截流，控制南向北进入重点区域的车流量。

具体而言，如果此路段实行双向绿波，则调整为北向南的单向绿波；如果此路段实行南向北的单向绿波，则取消单向绿波协调；如果此路段未设置绿波协调，则开启南北方向单口轮放相位，适当减少南口的绿信比，同时兼顾东西方向非机动车及行人的通行需求。

⑤长青南街。交通不拥堵时长青南街实行快进快出的信号控制方案。当长青南街—南屏中路交叉口南进口的车辆排队长度达到临界值时，或在7~9时，长青南街—南屏中路交叉口以南的信号控制交叉口实行截流，控制南向北进入重点区域的车流量。

具体而言，如果此路段实行双向绿波，则调整为北向南的单向绿波；如果此路段实行南向北的单向绿波，则取消单向绿波协调；如果此路段未设置绿波协调，则开启南北方向单口轮放相位，适当减少南口的绿信比，以使车辆有序缓速进入，同时兼顾东西方向非机动车及行人的通行需求。

（3）交通拥堵疏解策略。根据工作日交通拥堵分布情况，将全区道路划分为易堵区、缓冲区及畅行区。其中，易堵区为高峰时段交通拥堵疏解的首要目标。

交通拥堵疏解的基本思想是：在高峰时段，通过调整易堵区边界信号控制交叉口的配时方案，控制易堵区外围车流驶入易堵区的速度，同时提高易堵区内部车流向外疏散的效率，从而达到将交通需求疏至缓冲区的目的。同理，在必要的情况下，通过调整缓冲区外围边界的信号灯配时方案，达到将交通需求疏至畅行区的目的。

早高峰奥体中心易堵区是指“浑南三路—富民南街—远航中路—新隆街—沈营大街”所围成的区域范围，以天坛南街—浑南中路交叉口为核心，如图 3-5 所示。当此易堵区拥堵指数达到临界值时，或在 7~9 时，开启浑南中路—富民街交叉口及浑南西路—彩霞街交叉口东西方向单口轮放相位，并且开启浑南三路—天坛南街交叉口及汇泉路—天坛南街交叉口（远航中路—天坛南街交叉口为下穿式立体交叉口）南北方向单口轮放信号相位，同时减少上述 4 个交叉口进入易堵区方向信号相位的绿信比。此外，打断进入此易堵区方向的绿波协调控制，降低车流进入此易堵区的连续性，最终达到此易堵区慢进快出的信号控制目的。

图 3-5　早高峰奥体中心易堵区范围

（4）预防排队溢出控制策略。交叉口排队溢出现象主要涉及两种情况：一种是进口道的车辆排队过长，一般是由交叉口各进口道通行需求都大、交叉口时空资源分配失衡、交通事件使进口道通行能力降低等原因导致；另一种是交叉口

间距过小导致车辆排队空间不足。

对于交叉口排队溢出的预防，需要结合实际情况，通过区域交通组织、交叉口车道优化、信号配时优化、信号协调控制等手段，平衡各交叉口及各进口道的车辆排队或及时消散车辆排队，杜绝排队溢出引起的交通拥堵扩散。

3. 2. 2　平峰

工作日平峰时段重点关注区域的各条主干道，实现交通流快进快出，保障其整体交通运行高效。根据区域路网结构及交通特点，平峰时段重点挖掘城市主干道的协调控制潜力，提升协调控制线路设置的科学性，同时针对交通事故、道路施工等交通事件导致的突发性交通拥堵，给予持续关注、及时处理，并调整信号控制方案。

平峰时段宜采用自适应控制及定周期协调控制相结合的方案。流量变化波动性较大且检测器较为完好的情况可采用自适应控制方案，也就是信号控制系统根据流量数据实时计算信号周期及绿信比，减少绿灯时间的浪费。流量变化较稳定或检测器不足的情况可采用定周期协调控制方案，但控制时段划分要求精细化。另外，车流量较小且协调方向每周期到达车辆无法形成车队的情况建议采用单点信号控制方案，降低交叉口信号周期，从而降低交叉口延误。

表 3-1　主要道路平峰时段信号协调控制策略汇总

序号	道路名称	协调方式
1	浑南大道	双向协调
2	天坛南街	双向协调
3	富民南街	双向协调
4	长青南街	双向协调
5	沈本大街	白塔河路至全运五路双向协调，全运五路南侧单点控制
6	沈中大街	白塔河路至全运五路双向协调，全运五路南侧单点控制
7	沈营大街	三义街至全运五路北侧双向协调，全运五路南侧单点控制
8	新隆街	双向协调
9	金阳大街	双向协调

续表

序号	道路名称	协调方式
10	全运路	双向协调
11	创新路	单点控制
12	祝科街	双向协调
13	智慧大街	白塔河路至全运五路双向协调，全运五路南侧单点控制
14	新运河路	单点控制
15	世纪路	双向协调
16	全运五路	双向协调

3.2.3 晚高峰

（1）边界道路信号控制策略。根据晚高峰时段道路拥堵指数情况分析，确定沈营大街—全运路—富民南街—南屏中路—文溯街为重点区域边界，北部边界因与市中心城区连接，所以不将其作为控制边界处理。重点区域的控制边界如图3-6所示。

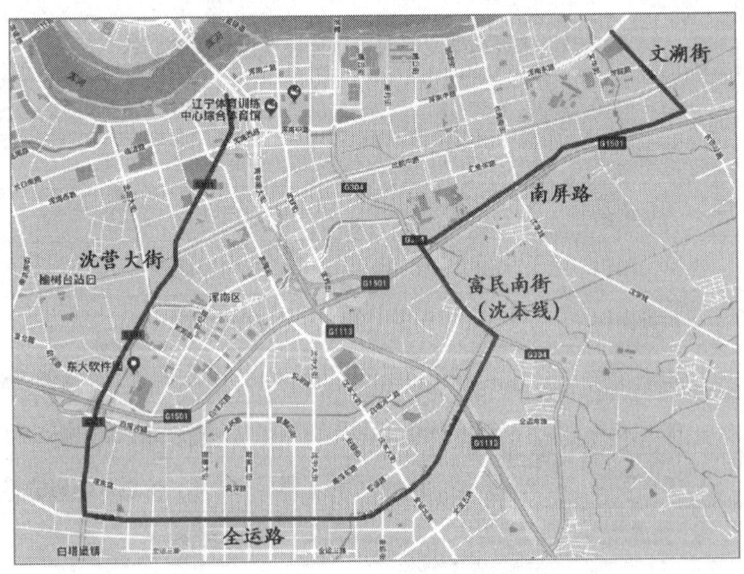

图 3-6 重点区域晚高峰控制边界分布

外围进入重点区域的交叉口在高峰时段全部通过降低左转信号绿信比的方式，控制进入重点区域内部的车流量，保证重点区域内部的车流畅通。

①沈营大街。作为重点区域的控制边界，此路段从浑南西路—沈营大街交叉口到全运路—沈营大街交叉口，长 7.09km，含 8 处信号灯。晚高峰首要保障沈营大街南北方向的通行效率，交通不拥堵时实行常规信号控制方案。当重点区域拥堵指数达到临界值时，或在 16~18 时，降低沿线交叉口北口左转信号的绿信比，控制进入重点区域的车流量。

②全运路。作为重点区域的控制边界，此路段从全运路—沈营大街交叉口到全运路—富民南街交叉口，长 8.22km，含 7 处信号灯。晚高峰首要保障全运路东西方向的通行效率，交通不拥堵时实行常规信号控制方案。当重点区域拥堵指数达到临界值时，或在 16~18 时，降低沿线交叉口西口左转信号的绿信比，控制进入重点区域的车流量。

③富民南街。作为重点区域的控制边界，此路段从全运路—富民南街交叉口到南屏中路—富民南街交叉口，长 2.38km，含 7 处信号灯。晚高峰首要保障富民南街南北方向的通行效率，交通不拥堵时实行常规信号控制方案。当重点区域拥堵指数达到临界值时，或在 16~18 时，降低沿线交叉口南口左转信号的绿信比，控制进入重点区域的车流量。

④南屏路。作为重点区域的控制边界，此路段从南屏中路—富民南街交叉口到南屏东路—文溯街交叉口，长 4.73km，含 5 处信号灯。晚高峰首要保障南屏路东西方向的通行效率，交通不拥堵时实行常规信号控制方案。当重点区域拥堵指数达到临界值时，或在 16~18 时，降低沿线交叉口西口左转信号的绿信比，控制进入重点区域的车流量。

⑤文溯街。作为重点区域的控制边界，此路段从南屏中路—文溯街交叉口到浑南中路—文溯街交叉口，长 1.7km，含 5 处信号灯。晚高峰首要保障文溯街南北方向的通行效率，交通不拥堵时实行常规信号控制方案。当重点区域拥堵指数达到临界值时，或在 16~18 时，降低沿线交叉口南口左转信号的绿信比，控制进入重点区域的车流量。

（2）出入通道信号控制策略。在重点区域范围内，根据流量分布及道路特征，选取浑南中路、天坛南街、富民南街、新隆街及长青南街作为晚高峰信号控制的主要通道，如图 3-7 所示。

图 3-7 晚高峰信号控制主要通道分布

晚高峰时段将在通道适当位置（信号控制交叉口）以内路段，通过调整交叉口信号相位相序、调整干线信号协调方式、调整交叉口信号配时等措施，提高交通流向重点区域以外疏散的效率，降低重点区域的交通压力。

①浑南中路。交通不拥堵时浑南中路实行快进快出的信号控制方案。当浑南中路—文溯街交叉口西进口的车辆排队长度达到临界值时，或在 16～18 时，浑南中路—文溯街交叉口及其以西的信号控制交叉口提高西向东的放行效率。

具体而言，如果此路段实行双向绿波，则调整为西向东单向绿波；如果此路段实行东向西的单向绿波，则取消单向绿波协调；如果此路段未设置绿波协调，则开启东西方向单口轮放相位，适当增加西口的绿信比，以使交通流快速驶离重点区域，同时兼顾南北方向非机动车及行人的通行需求。

②天坛南街。交通不拥堵时天坛南街实行快进快出的信号控制方案。当沈本大街—全运路交叉口北进口车辆排队长度达到临界值时，或在 16～18 时，沈本大街—全运路交叉口及其以北的信号控制交叉口提高北向南的放行效率。

具体而言，如果此路段实行双向绿波，则调整为北向南的单向绿波；如果此路段实行南向北的单向绿波，则取消单向绿波协调；如果此路段未设置绿波协调，则开启南北方向的单口轮放相位，适当增加北口的绿信比，以使交通流快速驶离重点区域，同时兼顾东西方向非机动车及行人的通行需求。

③富民南街。交通不拥堵时富民南街实行快进快出的信号控制方案。当沈本线—全运路交叉口北进口的车辆排队长度达到临界值时，或在16~18时，沈本线—全运路交叉口及其以北的信号控制交叉口提高北向南放行效率。

具体而言，如果此路段实行双向绿波，则改为北向南的单向绿波；如果此路段实行南向北的单向绿波，则取消单向绿波协调；如果此路段未设置绿波协调，则开启南北方向的单口轮放相位，适当增加北口的绿信比，以使交通流快速驶离重点区域，同时兼顾东西方向非机动车及行人的通行需求。

④新隆街。交通不拥堵时新隆街实行快进快出的信号控制方案。当沈中大街—全运路交叉口北进口的车辆排队长度达到临界值时，或在16~18时，沈中大街—全运路交叉口及其以北的信号控制交叉口提高北向南的放行效率。

具体而言，如果此路段实行双向绿波，则改为北向南的单向绿波；如果此路段实行南向北的单向绿波，则取消单向绿波协调；如果此路段未设置绿波协调，则开启南北方向的单口轮放相位，适当增加北口的绿信比，以使交通流快速驶离重点区域，同时兼顾东西方向非机动车及行人的通行需求。

⑤长青南街。交通不拥堵时长青南街实行快进快出的信号控制方案。当长青南街—南屏中路交叉口北进口的车辆排队长度达到临界值时，或在16~18时，长青南街—南屏中路交叉口及其以北的信号控制交叉口提高北向南的放行效率。

具体而言，如果此路段实行双向绿波，则调整为北向南的单向绿波；如果此路段实行南向北的单向绿波，则取消单向绿波协调；如果此路段未设置绿波协调，则开启南北方向的单口轮放相位，适当增加北口的绿信比，以使交通流快速驶离重点区域，同时兼顾东西方向非机动车及行人的通行需求。

（3）交通拥堵疏解策略。交通拥堵疏解的基本思想是：在高峰时段，通过调整易堵区边界信号控制交叉口的配时方案，控制易堵区外围车流驶入易堵区的速度，同时提高易堵区内部车流向外疏散的效率，从而达到将交通需求疏至缓冲区的目的。同理，在必要的情况下，通过调整缓冲区外围边界的信号灯配时方案，达到将交通需求疏至畅行区的目的。

与早高峰交通拥堵影响范围不同，晚高峰奥体中心易堵区是指“浑南三路—恒达路—朗月街—浑南中路—富民南街—银卡路—天坛南街”所围成的区域范围，以富民南街—浑南中路交叉口为核心，如图3-8所示。当此易堵区拥堵指数达到临界值时，或在16~18时，可开启浑南中路—朗月街交叉口与浑南中路—天坛南街交叉口东西方向的单口轮放相位，并开启富民南街—浑南三路交叉口与富民南街—银卡路交叉口南北方向单口轮放的信号相位，同时减少上述 4 个交叉口进入易堵区方向信号相位的绿信比。此外，打断进入此易堵区方向的绿波协调，以降低车流进入此易堵区的连续性，最终达到此易堵区慢进快出的信号控制目的。

图 3-8　晚高峰奥体中心易堵区范围

（4）预防排队溢出控制策略。对于交叉口排队溢出的预防，需要结合实际情况，通过区域交通组织、交叉口车道优化、信号配时优化、信号协调控制等手段，平衡各交叉口及各进口道的车辆排队或及时消散车辆排队，杜绝排队溢出引起的交通拥堵扩散。

3.2.4　夜低峰

重点开展信号控制交叉口夜间普降信号周期的工作，通过深入分析道路交通运行的规律特性，形成适合信号控制交叉口的夜低峰时段低饱和度信号控制方案。

信号控制周期缩降步骤如下：

（1）划分交叉口夜间信号周期档。根据日常交通信号控制经验，考虑道路等级、道路功能、相位数量等因素对各交叉口进行等级划分，再对不同道路等级设置夜间信号周期档。

（2）对于特殊交叉口需由专业信控技术人员根据实际流量确定信号配时方案。交叉口现有的周期档配置将供恢复命令使用。

（3）检查设置一、二级交叉口行人安全过街时间，对有条件的交叉口，按照周期档进行自适应控制，对无条件自适应控制的交叉口，设置保障行人安全过街时间的最低周期值。

（4）确定夜间缩降信号周期的最佳时间点，建议除特殊情况外定为22：00~次日6：00。

表3-2　夜低峰信号控制交叉口控制周期建议值（s）

交叉口等级	道路等级	相位数量	周期类别				
			最小	可选	可选	饱和	最大
一级	主干路—主干路	不小于4	80	90	100	120	140
二级	主干路—次干路	4	80	90	100	110	120
三级	次干路—次干路	3或4	60	75	90	100	110
四级	较低等级	2	40	50	60	70	80

3.3　双休日控制策略

某区2020年8月双休日拥堵数据如图3-9所示。由图看出，双休日的整体交通拥堵指数低于工作日。双休日拥堵指数峰值分别出现在10时、14时及18时，极值为周六14时，拥堵指数达1.33。

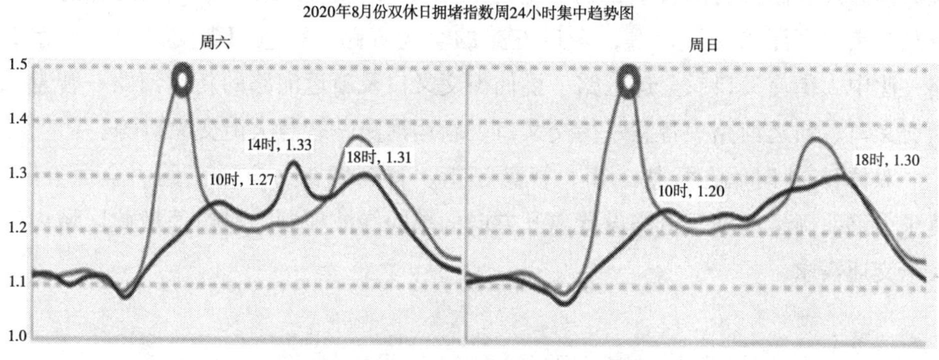

图3-9　双休日拥堵指数周24小时变化趋势

依据“交通信号控制目标”，基于双休日的总体交通运行态势，制定“周六10时前慢进快出，10~18时侧重景区交通疏导兼顾商圈流量控制，18时后平稳运行；周日10~18时侧重景区交通疏导兼顾商圈流量控制”的交通信号控制策略。

3.3.1 景区周边

（1）东陵公园区域。双休日东陵公园区域重点考虑的交叉口为东陵路—东李线交叉口及双园路—东高线交叉口。

双休日10时前东陵路—东李线交叉口开启东西向单口轮放相位，增加西口相位的绿信比，防止车辆排队溢出上游交叉口，并做好其与东陵路—东湖新村交叉口西向东方向的信号协调。同时，双园路—东高线交叉口开启东西方向单口轮放相位，增加西口相位的绿信比，防止排队过长影响东陵公园停车场车辆出入，从而避免形成交通阻塞的瓶颈点。

双休日14时后双园路—东高线交叉口开启东西向单口轮放相位，增加东口相位的绿信比，加大此交叉口交通拥堵的消散速度。同时，设置东陵路—东湖新村交叉口、东陵路—东李线交叉口及东陵路—东陵站交叉口东向西方向的信号红波控制，防止回城车辆集中灌入东西快速干道，导致市区出现交通拥堵。

（2）中央公园区域。双休日中央公园区域重点考虑智慧二街、全运三路、智慧四街及新运河路围成的区域范围。通往此区域的重要通道有智慧二街、全运五路及新运河路。

双休日10时前在重要通道接近此区域的3个信号控制交叉口设置到达方向的红波控制，防止大量车流集中灌入此区域，避免造成大面积的交通拥堵。此过程具体涉及智慧二街的智慧二街—全运三路交叉口、智慧二街—全运路交叉口、智慧二街—高深路交叉口等，全运五路的全运五路—智慧四街交叉口、全运五路—沈中大街交叉口、全运五路—桃仙街交叉口及新运河路的新运河路—智慧二街交叉口、新运河路—智慧一街交叉口、新运河路—智慧大街交叉口等。

双休日14时后在智慧二街、智慧三街、智慧四街、全运三路、全运五路、莫子山路、新运河路等道路设置离开方向的单向绿波控制，尽快消散此区域内的大量交通需求。

3.3.2　商圈周边

奥体中心商圈是附近最大的商业区域。从交通影响范围考虑，奥体中心商圈可认为是“浑南三路—富民南街—远航中路—新隆街—沈营大街”所围成的区域范围，以天坛南街—浑南中路交叉口为核心。

双休日 10 时前此区域开启浑南中路—富民街交叉口与浑南西路—彩霞街交叉口东西方向的单口轮放相位，并开启浑南三路—天坛南街交叉口与汇泉路—天坛南街交叉口南北方向的单口轮放信号相位，同时减少上述 4 个交叉口进入此区域信号相位的绿信比。此外，打断进入此区域方向绿波协调控制，降低车流进入此区域的连续性，最终达到慢进快出的信号控制目的。

双休日 14 时后此区域开启浑南中路—富民街交叉口与浑南西路—彩霞街交叉口东西方向的单口轮放相位，并开启浑南三路—天坛南街交叉口与汇泉路—天坛南街交叉口南北方向的单口轮放信号相位，同时增加上述 4 个交叉口离开此区域信号相位的绿信比。此外，设置离开此区域方向的单向绿波，尽快消散此区域内的大量交通需求。

3.4　法定节假日控制策略

国庆假日期间交通拥堵点位如图 3-10 所示。由图可以看出，节假日前、后期进出城通道、快速路匝道口及高速公路出入口附近的交通拥堵比较严重；节假日中期旅游景区与大型商圈周边的交通拥堵比较严重。

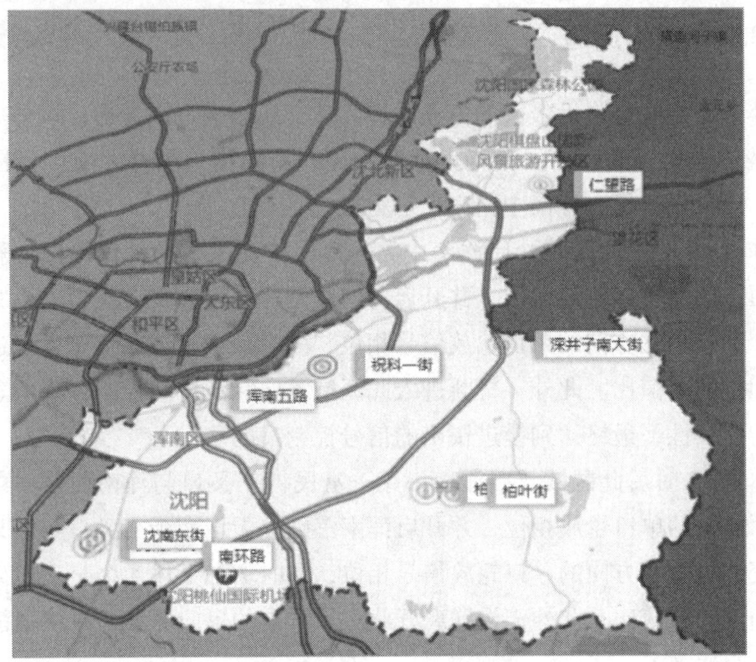

图 3–10　10 月 1 日区域交通拥堵道路分布

依据“交通信号控制目标”，基于节假日的总体交通运行态势，制定“节前期出城快速有序、节中期重点保障、节后期返程平稳有序”的交通信号控制策略。

3. 4. 1　节前期

节前期信号控制的重点在于出城道路枢纽、匝道口及干线通道，主要包括南站道路枢纽、青年大街匝道口、浑南路、沈本大街、东陵路等。

南站道路枢纽主要涉及沈南东街—莫子山路交叉口、高铁街—莫子山路交叉口、沈南西街—新运河路交叉口、火石桥大街—新运河路交叉口及高铁一街—新运河路交叉口。接近此区域的 3 个信号控制交叉口设置到达方向的红波控制，防止大量车流集中灌入此区域，避免造成大面积的交通拥堵。

青年大街匝道口信号控制点位主要涉及三义街—明波路交叉口。节前期考虑开启南北向的单口轮放相位，增加北口（青年大街下匝道）信号相位的绿信比，防止交叉口车辆排队溢出青年大街主线，同时可以提高青年大街车流的出城效率。

浑南路、沈本大街、东陵路等道路作为出城的重要通道，出城方向流量远大于进城方向时段应开启进出城方向的单口轮放相位；出城方向流量较大时段应设置单向绿波协调；进出城方向流量比较均衡时段可设置双向绿波协调。

3.4.2　节中期

国庆假日期间拥堵交叉口排名见表3-3。可以看出，国庆假日期间交通拥堵比较严重的区域主要在车站、景区及商圈等周边，所以也是节中期信号控制的重中之重。具体涉及南站周边的沈南西街、沈南东街等道路；旅游景区周边的伯官北大街、仁望路、全运四东路、南环路、全运二路、新扬街、新运河路、全运四路、智慧一街等道路；商圈周边的浑南五路、浑南大道等道路。

表3-3　国庆节期间交叉口拥堵排名

道路名称	路段描述	行车方向	拥堵指数	运行速度（km/h）
沈南西街	全线	由南向北	2.32	28.2
柏枝街	麦乡路—万实路	由北向南	2.10	23.0
伯官北大街	全线	由北向南	1.96	22.1
伯官北大街	全线	由南向北	1.94	22.3
沈南东街	创新路—新运河路	由南向北	1.92	26.7
浑南五路	天坛南街—营盘北街	由东向西	1.90	21.6
祝科一街	浑南大道南三路—浑南东路	由东向西	1.89	22.1
祝科一街	浑南东路—浑南大道南三路	由西向东	1.89	22.2
柏叶街	全线	由北向南	1.88	27.5
仁望路	全线	由南向北	1.88	32.1
深井子南大街	四环路—新大线	由南向北	1.86	30.1
全运四东路	全线	由东向西	1.82	21.2
南环路	创新一路—创新一路	由西向东	1.79	27.9
南环路	创新一路—创新一路	由东向西	1.78	27.5

续表

道路名称	路段描述	行车方向	拥堵指数	运行速度（km/h）
祝科三街	全线	由西向东	1.77	22.6
全运二路	智慧二街—智慧大街	由东向西	1.77	25.3
祝科三街	全线	由东向西	1.76	22.3
新扬街	高科路—白塔河路	由北向南	1.74	23.2
沈南东街	沈南东街—创新路	由北向南	1.74	31.9
李巴彦路	全线	由西向东	1.74	22.3
新运河路	高铁一街—金钱松东路	由东向西	1.72	25.7
柏叶基地连接线	万实路—沈李线	由东向西	1.72	39.4
李巴彦路	全线	由东向西	1.68	24.1
浑南大道	全线	由西向东	1.68	23.2
全运四路	全线	由西向东	1.68	22.4
智慧一街	白塔河二路—南环路	由北向南	1.67	30.2

节中期 10 时前在接近景区或商圈的信号控制交叉口设置到达方向红波控制，防止大量车流集中灌入此区域，避免造成大面积的交通拥堵。节中期 14 时后在连接景区或商圈的主要道路离开此区域的方向设置单向绿波控制，尽快消散区域内的大量交通需求。

3.4.3 节后期

节后期信号控制的重点在于进城道路枢纽、匝道口及干线通道，主要包括南站道路枢纽、青年大街匝道口、浑南路、沈本大街、东陵路等。

南站道路枢纽主要涉及沈南东街—莫子山路交叉口、高铁街—莫子山路交叉口、沈南西街—新运河路交叉口、火石桥大街—新运河路交叉口及高铁一街—新运河路交叉口。接近此区域的 3 个信号控制交叉口设置到达方向的红波控制，防止大量车流集中灌入此区域，避免造成大面积的交通拥堵。

青年大街匝道口的截流控制点位主要涉及浑南二路、浑南三路及浑南四路的

信号控制交叉口。节后期可考虑对其东向西方向设置红波控制，防止大量车流集中灌入青年大街，避免严重影响青年大街主线的交通运行秩序。

浑南路、沈本大街、东陵路等道路作为出城的重要通道，进城方向流量远大于出城方向时段应开启进出城方向的单口轮放相位；进城方向流量较大时段应设置单向绿波协调；进出城方向流量比较均衡时段可设置双向绿波协调。

第 4 章 信号配时优化

交通流的动态变化特性决定了交通信号控制方案不可能一成不变，而是应随交通流的变化进行及时调整，具体涉及控制时段、相位、相序、配时、相位差等方面的运行参数。

4.1 时段划分

根据不同时间的交通流特性，可制定更加合理的信号运行方案，将一天 24 小时划分为多个时段，称为控制时段。通常每个控制时段对应 1 套信号配时方案。

4.1.1 技术要点

（1）基本原则。

①依据工作日、双休日或节假日 24 小时交通流向流量的变化规律，分别划分控制时段；

②如果高峰时段交通流向流量变化明显，则宜进一步进行细分，持续时间不宜小于 30min；

③高峰控制时段的开始时间适当提前，确保在高峰流量需求到达前，完成信号运行方案切换，消除方案切换对交叉口运行产生的负面影响；

④考虑干线信号协调控制因素，分析干线协调控制交叉口间 24 小时流量变化差异，综合确定干线协调交叉口群的控制时段；

⑤根据实际交通运行情况，宜最少划分为早高峰、平峰、晚高峰、晚平峰及夜低峰 5 个时段；

⑥中小学校、大型医院、大型活动场所、邻近高速收费站等短时出行集中区域的交叉口，应设置特殊的控制时段。

（2）主要内容。

①确定具有代表性的工作日、双休日或节假日 24 小时交通流数据，绘制 24 小时流量—时间变化趋势图；

②基于控制时段划分原则，确定初始控制时段；

③综合考虑道路交通实际运行，针对初始控制时段进行调整。

4.1.2　典型案例

（1）概况。某市新华大街—玉泉路交叉口紧邻市政府，交叉口所处位置的交通压力大，且交通敏感性强。交叉口工作日全天仅有 1 套信号配时方案，如图 4-1 所示。

图 4-1　新华大街—玉泉路交叉口

（2）问题分析。交叉口全天仅采用 1 套信号配时方案，与交通流 24 小时变化规律不匹配，导致高峰时段交叉口交通运行混乱，交通流冲突严重。非高峰时段交通需求相对低，存在绿灯时间浪费问题。

（3）优化方案。根据新华大街—玉泉路交叉口工作日 24 小时流量数据，绘制 24 小时流量—时间变化趋势图。根据控制时段划分原则，初步划分为早平峰、早高峰、平峰、晚高峰、晚平峰及夜低峰 6 个控制时段，如图 4-2 所示。

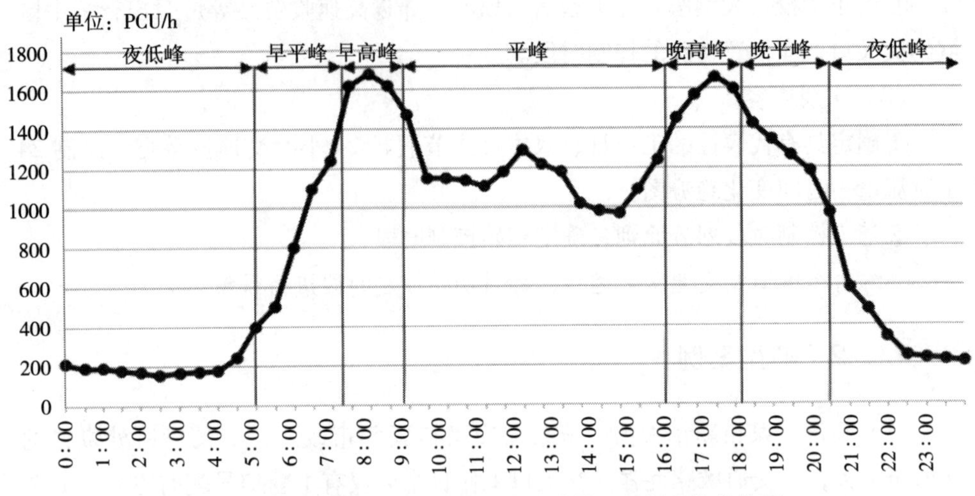

图 4-2　新华大街—玉泉路交叉口流量—时间变化趋势图

通过详细调查，进一步优化控制时段，使其与交通流变化规律相匹配，最终划分为 10 个信号控制时段，见表 4-1。

表 4-1　新华大街—玉泉路交叉口控制时段优化结果

序号	方案名称	控制时段
1	早平峰	5：00~7：15
2	早高峰 1	7：15~7：45
3	早高峰 2	7：45~8：20
4	早高峰 3	8：20~8：50
5	平峰 1	8：50~9：40
6	平峰 2	9：40~16：10
7	晚高峰 1	16：10~16：55
8	晚高峰 2	16：55~17：40
9	晚平峰	17：40~20：00
10	夜低峰	20：00~次日 5：00

（4）效果评价。根据控制时段细化结果，进一步优化信号配时方案，以使信号配时匹配不同时段交通流的运行特性，使交叉口运行效率大幅提升。

4.2　周期时长优化

在信号控制交叉口的运行过程中，信号周期时长是一个非常关键却又易被忽略的技术参数。信号周期时长过短，往往绿灯的损失时间过多；信号周期时长过长，往往导致各进口车辆排队过长。

4.2.1　技术要点

（1）基本原则。

①在非饱和交通状态下，信号周期时长宜为 30~150s；

②在饱和交通状态下，信号周期时长不宜超过 180s。如不能满足，则可考虑通过干线或区域协调控制、行人二次过街等方式解决；

③信号周期时长保证满足各相位行人过街所需时间；

④考虑干线协调控制目标确定公共信号周期时长；

⑤考虑最大排队长度确定短连线交叉口的信号周期时长；

⑥基于流量最大化、控制排队等目标，确定过饱和状态信号周期时长。

（2）主要内容。

①基于车流量计算交叉口信号周期时长，采用 TRRL（韦伯斯特法）、HCM 法等确定初始信号周期时长；

②针对初始信号周期时长进行修正，主要考虑行人过街时间、干线协调、短连线控制、最大排队长度等因素；

③根据交叉口实际运行情况对信号周期时长进行微调；

④若交叉口发生较大变化，则应评估原方案周期时长是否适用，如交叉口渠化调整、周边道路施工等。

4.2.2　典型案例

（1）概况。浑南中路—朗日街交叉口为主干路与次干路相交的交叉口。浑南中路为贯穿某市局部区域东西方向的主干道，且交叉口周边分布大量小区，高峰时段交叉口压力较大，如图 4-3 所示。

图 4-3　浑南中路—朗日街交叉口

（2）问题分析。浑南中路高架快速路建设完成后，以往在浑南中路直行的大部分车辆改经高架桥通行，桥下交叉口通行需求降低，各时段信号方案的周期时长与其交通需求不匹配，存在绿灯时间浪费问题，各方向车辆排队不均衡，如图 4-4 所示。

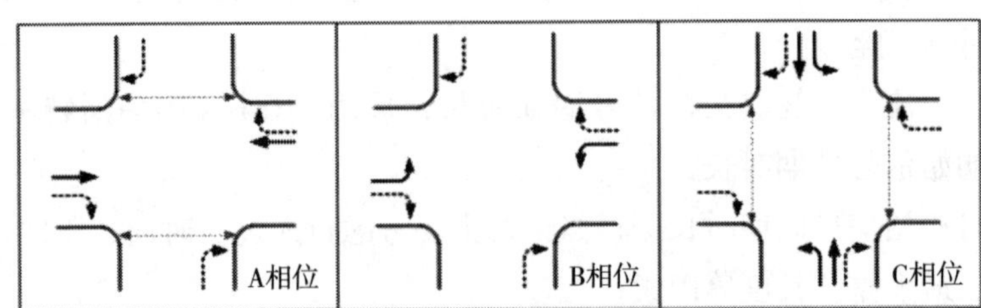

图 4-4　浑南中路—朗日街交叉口信号相位

（3）优化方案。基于信号周期时长优化原则，根据浑南中路—朗日街交叉口交通运行现状，对各时段信号运行方案的周期时长进行优化，见表 4-2。

表 4-2　浑南中路—朗日街交叉口信号周期优化方案（单位：s）

方案名称	控制时段	相序	周期	A	B	C
早平峰	6：00~6：30	A-B-C	120	45	35	40
早高峰	6：30~9：00	A-B-C	130	50	40	40
平峰	9：00~16：00	A-B-C	120	45	35	40

续表

方案名称	控制时段	相序	周期	A	B	C
晚高峰	16：00~19：00	A-B-C	130	50	40	40
晚平峰	19：00~22：00	A-B-C	120	45	35	40
夜低峰	22：00~次日 6：00	A-B-C	100	35	25	40

（4）效果评价。实施新确定的信号周期时长后，信号配时方案能与不同时段的交通流运行情况相匹配，各控制时段的交叉口延误有所下降，交叉口运行效果明显好转，见表 4-3。

表 4-3　浑南中路—朗日街交叉口优化前后延误对比

方案名称	优化前（s）	优化后（s）	优化率（%）
早平峰	29.87	20.16	32.5
早高峰	66.45	45.98	30.8
平峰	27.12	20.89	23.0
晚高峰	51.76	38.49	25.6
晚平峰	26.13	17.42	33.3
夜低峰	13.96	11.17	20.0

4.3　相位优化

在信号控制交叉口的运行过程中，信号相位太少，往往导致交通流冲突严重；信号相位太多，又将影响交叉口通行能力。此外，即使相同数量的信号相位，也有不止一种相位方案，对于交通安全、效率及秩序的影响都很显著。

4.3.1　技术要点

（1）基本原则。

①基于交通安全原则确定相位，避免所设计相位超出驾驶人期望，不符合多数驾驶人的认知水平，即相位应简单，易于理解；

②相位确定应与交叉口渠化设计同步进行，确保二者相匹配；

③根据交叉口冲突类型，合理分离冲突交通流，减少冲突点数量；

④根据交通量、冲突程度等因素，合理确定相位的数量，统筹兼顾交叉口安全与效率。

（2）主要内容。

①考虑交叉口结构、渠化设计等条件，梳理机动车流、非机动车流及人流运行动线，确定不同动线间的冲突类型及其严重程度；

②基于安全与效率原则，分离或合并机动车流、非机动车流及人流运行动线，确定相位结构及其数量；

③对比分析不同相位结构与数量之间的优缺点，确定初始相位；

④基于干线协调控制目标，确定相位结构与数量；

⑤根据交叉口实际运行情况，针对初始相位进行优化或微调，如同时放行的运行动线间存在干扰，则可对某种运行动线实施绿灯迟启动或早切断；

⑥针对采用直行待行、借道左转等非常规放行方式的交叉口，须重新评估相位方案。

4.3.2 典型案例

（1）概况。某市工人大街—铁秀路交叉口作为重要的交通枢纽点，早晚高峰交通拥堵较严重。交叉口高峰时段存在明显的流量不对称，如图 4-5 所示。

图 4-5 工人大街—铁秀路交叉口

（2）问题分析。交叉口采用标准的 4 相位信号控制方案，即南北直行放行、

南北左转放行、东西直行放行及东西左转放行。但信号相位与交通需求不匹配，导致北进口车辆排队较长，而南进口绿灯时间存在浪费问题，如图 4–6、图 4–7 所示。

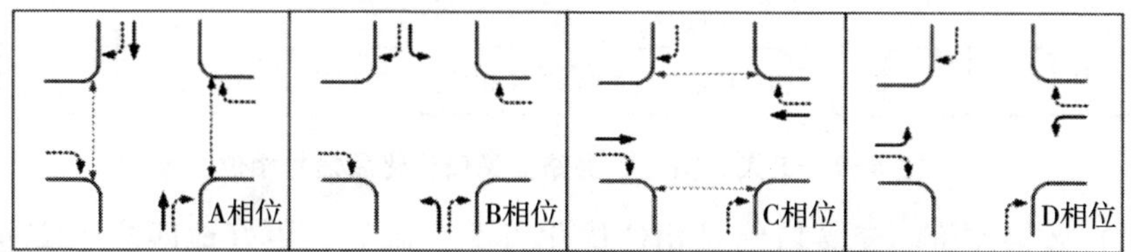

图 4–6　工人大街—铁秀路交叉口优化前信号相位

图 4–7　工人大街—铁秀路交叉口北进口车辆排队情况

（3）优化方案。根据交叉口特点重新开展渠化设计，进而重新进行相位设计，将南北对放的放行方式改为搭接的放行方式，如图 4–8、图 4–9 所示。

图 4–8　工人大街—铁秀路交叉口重新渠化设计方案

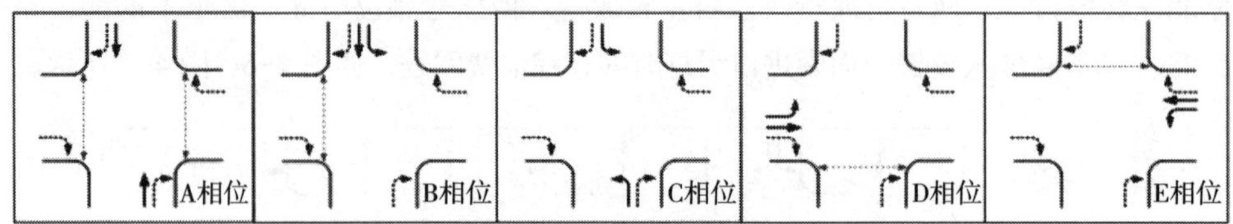

图 4-9　工人大街—铁秀路交叉口优化后信号相位

（4）效果评价。交叉口信号相位优化方案实施后，更好地匹配了交通流的运行情况，大大缩减了北进口排队长度，同时解决了南进口绿灯时间浪费问题，交叉口的整体运行效率明显提升。

4.4　相序优化

对于两相位信号控制交叉口而言，信号灯色循环变化，无所谓相位排序问题。但对于三相位或多相位信号交叉口，或交叉口设置待行区的情况，则需考虑信号相序的问题。

4.4.1　技术要点

（1）基本原则。

①基于安全与效率原则，确定机动车、非机动车及行人信号相序，避免所设计的相序超出驾驶人期望；

②应有助于减少绿灯损失时间；

③考虑干线协调控制目标确定信号相序；

④考虑左转待行区设置情况确定信号相序；

⑤在非特殊情况下，同一个区域或同一条道路的交叉口信号相序尽量一致；

⑥针对实施借道左转、直行待行等非常规信号控制方式的交叉口，应全面核查相序方案。

（2）主要内容。

①根据规则交叉口几何结构，结合各种交通流运行动线特性，确定多相位的相序集合；

②基于安全原则确定畸形交叉口的相序方案；

③根据交叉口渠化、相位等设置情况确定相序初始方案；

④基于绿灯损失时间最小原则微调相序方案。

4.4.2　典型案例

（1）概况。某市鸭绿江大街—站前路交叉口紧邻市政府。作为畸形交叉口，冲突较多且秩序混乱，不同车流运行动线不清晰。信号灯设置与安装结束后，交叉口运行效果较差，特别是鸭绿江大街东进口排队过长，导致暂停信号灯控制，如图 4-10 所示。

图 4-10　鸭绿江大街—站前路交叉口

（2）问题分析。畸形交叉口信号控制较为困难，原信号运行方案执行效果较差。信号灯暂停使用后，交叉口内部的冲突点较多，车流运行混乱，交通安全隐患突出。此外，车道功能与交通需求不匹配，如图 4-11、图 4-12 所示。

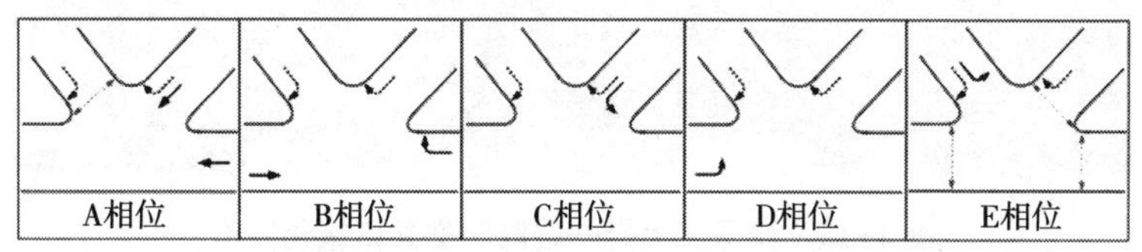

图 4-11　鸭绿江大街—站前路交叉口优化前信号相位相序

图 4-12　鸭绿江大街—站前路交叉口车流冲突现象

（3）优化方案。在调整车道功能基础上，重新对交叉口各个流向的交通流进行组合，并重点对相序进行调整。由于交叉口几何特征较为特殊，需要逐一计算各股冲突车流间的清空时间，进而以绿灯间隔时间最小为目标，对交叉口相序进行优化处理，如图 4-13、图 4-14 所示。

图 4-13　鸭绿江大街—站前路交叉口渠化方案

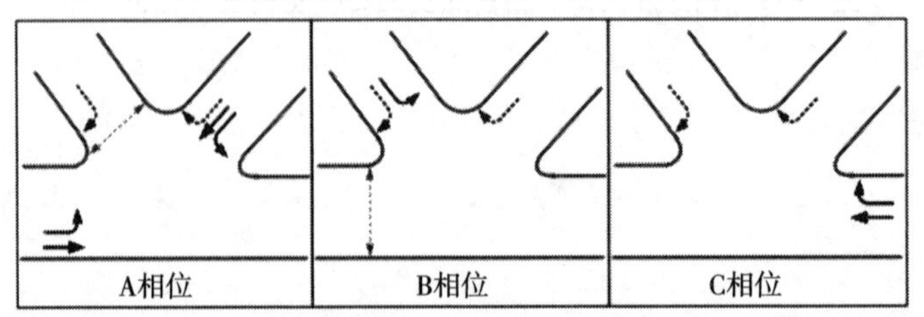

图 4-14　鸭绿江大街—站前路交叉口优化后信号相位相序

（4）效果评价。优化后的信号相序方案避免了上一相位末尾通行车辆阻碍下一相位开始的通行车辆，有效缓解了交叉口冲突，显著提高了交叉口的通行效率。

4.5　绿信比优化

在信号周期、相位、相序等已确定的前提下，绿灯时间的分配直接决定某一方向交通流的通行效率。通过绿信比优化应尽可能避免绿灯空放、排队过长等问题的出现。

4.5.1　技术要点

（1）基本原则。

①等饱和度原则：绿信比与相位流量成正比；

②干线协调原则：确保协调方向绿信比接近，避免协调方向邻近交叉口间存在绿信比严重失衡；

③过街保障原则：保障行人过街最小绿灯时长。

（2）主要内容。

①在交叉口各相位关键流量比例的基础上，分配各相位的初始绿信比；

②结合交叉口实际运行情况调整初始绿信比，保证绿信比分配的合理性；

③基于特殊的交通流特性或信号控制方式优化绿信比，如夜间感应控制、按钮式行人过街控制等。

4.5.2　典型案例

（1）概况。某市北陵大街—省政府西门交叉口南北方向全天车流量很大，而东进口作为单位出入口，进出流量随机性较强，且东西方向过街行人数量较少。如果采用定时控制，则东进口必定存在绿灯时间浪费问题，如图 4-15 所示。

图 4-15　北陵大街—省政府西门交叉口

（2）问题分析。交叉口全天采用定时控制，平峰时段的信号配时方案与其交通需求不匹配，东进口左转相位存在绿灯时间浪费问题。但为保证东西方向的行人过街最小绿灯时间，东进口左转相位的时间可调整范围不大，如图 4-16、图 4-17 所示。

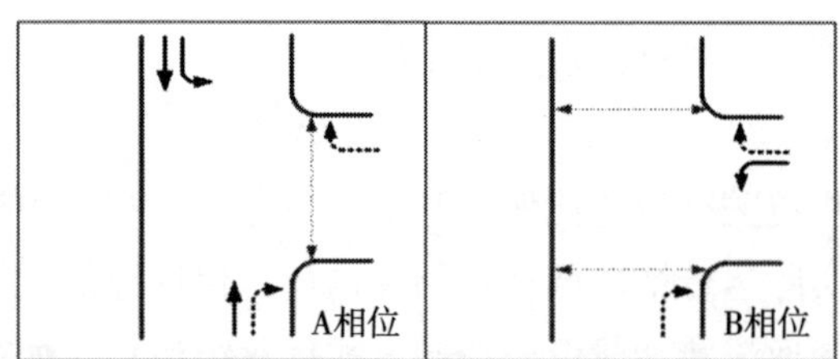

图 4-16　北陵大街—省政府西门交叉口信号相位

图 4-17　北陵大街—省政府西门交叉口东口左转相位绿灯空放现象

（3）优化方案。由于早平峰、早高峰及晚高峰时段北陵大街车流量相对较大，考虑相邻交叉口的运行情况，此时可采用定时控制，而在午平峰、晚平峰及夜低峰时段，车流量相对较小，此时宜启用感应控制，动态优化绿信比，见表 4-4。

表 4-4　北陵大街—省政府西门交叉口控制时段划分

方案名称	控制时段	控制方式
早平峰	6：00~7：00	定时控制
早高峰	7：00~9：00	定时控制
午平峰	9：00~15：30	感应控制
晚高峰	15：30~20：30	定时控制
晚平峰	20：30~22：00	感应控制
夜低峰	22：00~次日 6：00	感应控制

（4）效果评价。在东进口实施感应控制后，午平峰、晚平峰及夜低峰时段东进口的绿灯时间浪费问题得到了解决。同时，南北方向通行更加顺畅，交叉口运行效率大幅提升。

4.6　干线绿波优化

“绿波控制”一般应用在交通干道上，但并不是所有干道均适合采用“绿波控制”。干线绿波还可分为“单向绿波”“双向绿波”“分段绿波”等不同形式。不适当的干线绿波将会产生一些副作用，如单个交叉口通行效率偏低。

4.6.1　技术要点

（1）适用条件。

①信号机能实现联网控制，或能通过技术手段进行统一校时；

②相邻交叉口间距一般在 800m 以内，特殊情况不宜超过 1000m；

③各交叉口之间关联性较强，车流离散性较小，横向干扰较小；

④各交叉口的周期时长相同，或成整数倍关系；

⑤各交叉口间的路段人行横道尽可能采用信号控制，减少过街行人对协调效果的影响。

（2）主要内容。

①考虑双向车流量、交通关联性等因素，确定绿波控制目标，即选择单向绿波协调或双向绿波协调；

②根据交叉口的重要程度确定关键交叉口；

③考虑各交叉口的间距与交通流特征划分控制子区；

④根据关键交叉口的交通运行情况确定公共信号周期；

⑤确定各交叉口的相位、相序及相位时长；

⑥基于实测调查或卡口数据，确定绿波控制方向的车流速度，计算相位差；

⑦根据交通流运行的实际情况，对公共信号周期、相位差及相位时长进行微调。

4.6.2 典型案例

（1）概况。新城路是某市东西走向主干道之一，承载顺城区的主要车流。新城路是双向 8 车道的横断面配置，相交道路包括新华大街、长春街等主干路，也有珲春街、隆城街、站东路等次干路或支路，如图 4-18 所示。

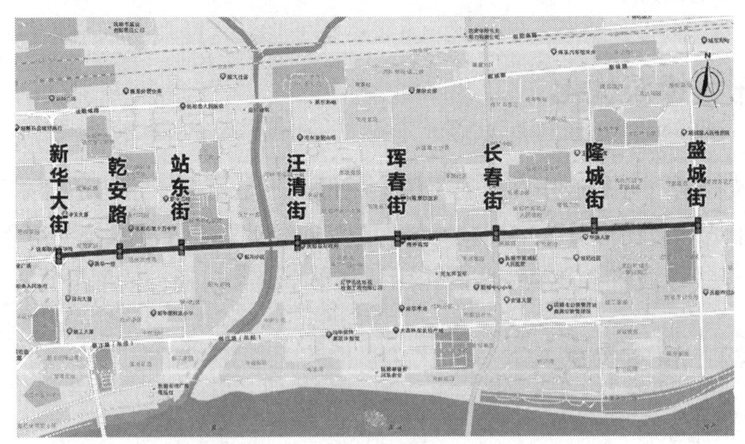

图 4-18　新城路地理位置及交叉口分布

（2）问题分析。新城路各交叉口独立运行信号配时方案，车流到达各交叉口无规律性，早晚高峰部分交叉口的车辆排队较长，平峰时段停车次数较多，驾驶体验较差，如图 4-19 所示。

图 4-19　新城路高峰时段车辆排队

(3) 优化方案。新城路—新华大街交叉口、新城路—长春街交叉口为主主相交交叉口，车流量相比其他交叉口明显较大。其中，由于新城路—新华大街交叉口位于协调路段的端点，故对其采用单点控制；由于新城路—长春街交叉口位于协调路段的中段，为最大程度保障协调效果，将对其实施双倍周期协调控制。具体将新城路—乾安街交叉口、新城路—站东街交叉口、新城路—汪清街交叉口及新城路—珲春街交叉口作为控制子区 1 进行协调控制，并将新城路—隆城街交叉口、新城路—盛城街交叉口作为控制子区 2 进行协调控制，如图 4-20 所示。

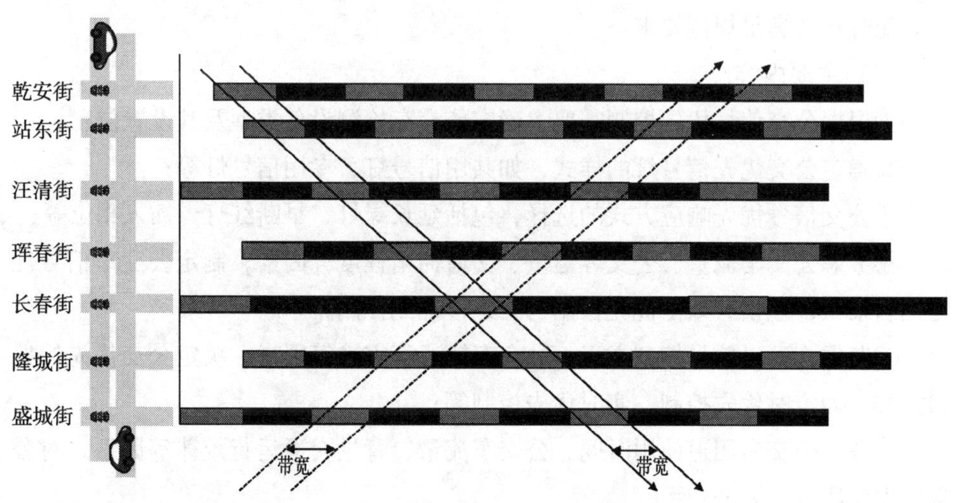

图 4-20　部分时段新城路绿波控制时距图

（4）效果评价。新城路实施双向绿波控制方案后，干线运行效果提升明显，各时段停车次数均大幅下降，交通运行更为顺畅。

4.7 公交信号优先

作为公交优先政策的重要一环，尽管国内公交信号优先已经开展研究多年，但目前鲜有城市能将公交信号优先真正做好，特别是对背景交通的负面影响一直被交通管理部门关注。

4.7.1 技术要点

（1）基本原则。

①实施公交信号优先时应避免公交车与其他机动车、非机动车或行人产生交通冲突；

②综合考虑交叉口公交车的通行方式、运行计划、流向流量等因素，制定交叉口公交信号优先控制方案，提高公交车的通行效率；

③兼顾考虑对交叉口其他机动车、非机动车及行人的通行控制，尽量降低公交信号优先造成的负面影响；

④采用公交信号优先的交叉口，信号周期时长、最小绿灯时间、最大红灯时间等配时参数满足规范要求。

（2）主要内容。

①根据公交信号优先控制需要，确定公交车检测设备类型及其设置位置；

②确定公交优先信号灯的样式，如共用信号灯、专用信号灯等；

③公交信号优先响应方式的选择，包括延长绿灯、早断红灯、插入相位等；

④考虑公交车流量、公交客运量、交通拥堵程度等因素，制定公交车信号优先控制策略，包括有条件优先控制与无条件优先控制；

⑤考虑交叉口信号控制方式、社会车辆通行需求等因素，决定公交优先的控制方式，如定时优先控制、实时优先控制等；

⑥考虑公交专用道使用时间、公交车流量、背景交通运行规律等因素，对公交优先时段进行划分；

⑦制定交叉口公交优先控制的信号配时方案。

4.7.2　典型案例

（1）概况。某市沈营大街—全运路交叉口为主主相交交叉口，交叉口所处位置通行压力较大，而且有轨电车在此以“路中转路中”的方式通行，如图 4-21 所示。

图 4-21　沈营大街—全运路交叉口

（2）问题分析。此交叉口信号协调南北方向，但主相位设置为东西直行相位。现状采用插入相位的优先方式，较为粗暴，对交叉口影响较大，而且有轨电车优先后被打断的南北直行相位剩余时间只能用于补偿主相位，导致南北方向通行时间减少，协调效果较差。

（3）优化方案。依据公交信号优先的原则，从响应方式与优先时段两个方面对此交叉口进行优化。在早、晚高峰等车流量相对较大时段，将插入相位的优先方式调整为延长绿灯或早断红灯的优先方式，降低对交叉口的影响，而在平峰、低峰等车流量相对较小时段，继续使用插入相位的优先方式，如图 4-22 所示。

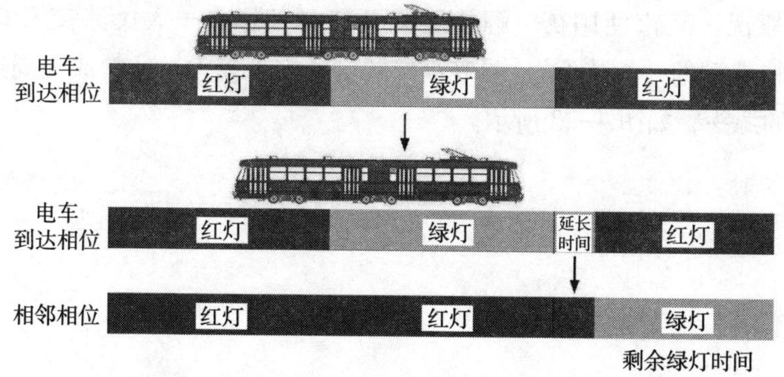

图 4-22　沈营大街—全运路交叉口有轨电车绿灯延长原理

（4）效果评价。经交通仿真，高峰时段优化后的公交信号优先控制方案使各进口道的排队长度、车辆延误等指标均有所改善。其中，拥堵最严重的南进口排队长度平均可减少约 120m，停车次数平均可减少约 1.1 次。

4.8 短连线信号协调

"短连线"是指两个交叉口之间距离小于交叉口最小间距的有关规定，导致实际交通运行中两个交叉口之间车流相互干扰的情形。短连线信号控制交叉口易发生车辆排队溢出，从而导致交通拥堵迅速扩散。因此，在交通管理中，应对短连线信号协调问题格外关注。

4.8.1 技术要点

（1）基本原则。

①通行能力匹配原则：确保上、下游交叉口通行能力相匹配或下游交叉口通行能力略大于上游交叉口；

②最大排队长度原则：控制最大排队长度，避免产生排队溢出。

（2）主要内容。

①根据上、下游短连线交叉口结构、流向流量等，确定短连线交叉口相位相序；

②确定短连线交叉口的公共信号周期时长，计算相位差。

4.8.2 典型案例

（1）概况。某市朝阳街—解放路交叉口与朝阳街—人民路交叉口相距约 170m，形成典型的"短连线"，早晚高峰的交通需求较大，经常成为周边区域性交通拥堵的源头，如图 4-23 所示。

图 4-23　朝阳街—解放路交叉口与朝阳街—人民路交叉口

（2）问题分析。由于未开展短连线信号控制协调，导致早晚高峰 2 个交叉口很容易出现排队溢出现象，如图 4-24 所示。

图 4-24　朝阳街短连线排队溢出现象

（3）优化方案。为解决两个交叉口间的车辆排队溢出问题，将二者进行整体协调控制，选取朝阳街—人民路交叉口为关键交叉口，确定两个交叉口的公共周期、绿波速度及相位差，见表 4-5。

表 4-5　朝阳街短连线信号协调方案

参数	早高峰	平峰	晚高峰	晚平峰	夜低峰
公共周期（s）	145	127	139	123	120
设计速度（km/h）	36	43	36	45	45
相位差（s）	17	12	10	11	10

（4）效果评价。短连线信号优化方案实施后，朝阳街—解放路交叉口与朝阳街—人民路交叉口的排队溢出问题均得到有效解决，正常情况下无须交通警察现场疏导，且大部分车辆都能连续通过 2 个交叉口。

第 5 章
城市道路设施标准化排查

城市道路设施标准化排查工作，主要是对交通标志、交通标线、信号灯等设施的颜色、尺寸、形状、版面、位置、顺序、数量等特征指标，依据相关技术标准开展规范性摸排，发现交通设施存在的问题，并提出相应的整改措施。

5.1　交通标志排查

道路交通标志通常设置于道路附近，是用颜色、形状、字符、图形等对道路使用者进行指示、引导、警告、控制或限制的一种道路交通管理设施，同时也是最常用的一种交通管理设施。

5.1.1　标志颜色

《道路交通标志和标线 第 2 部分：道路交通标志》（GB 5768.2—2022）4.3.2 规定，交通标志颜色的对应使用应符合规定。

《道路交通标志和标线 第 4 部分：作业区》（GB 5768.4—2017）5.1.1.1 规定，由于道路作业而设置的临时警告和指路标志，底色为橙色或荧光橙色；临时指示和禁令标志，底色不变。照明条件不好、能见度差的作业区，临时警告和指路标志底色宜采用荧光橙色。

针对交通标志颜色的常见问题举例如下：

（1）限速标志字符颜色使用错误。如图 5-1 所示，错误地将限速标志的字符颜色采用红色，不符合《道路交通标志和标线 第 2 部分：道路交通标志》（GB 5768.2—2022）中关于禁令标志颜色使用的要求，应将红色字符颜色改为黑色。

图 5-1　限速标志字符颜色使用错误

（2）作业区标志颜色使用错误。如图 5-2 所示，错误地将作业区标志底色采用蓝色，字符颜色采用白色，不符合《道路交通标志和标线 第 4 部分：作业区》（GB 5768.4—2017）中关于作业区标志颜色的使用要求，应将其蓝色底色改为橙色，白色字符改为黑色。

图 5-2　作业区标志颜色使用错误

5.1.2　标志尺寸

《道路交通标志和标线 第 2 部分：道路交通标志》（GB 5768.2—2022）4.6.1 规定，禁令标志和指示标志各部分尺寸的一般值应根据设计速度按规定选取，可根据设置路段的自由流第 85 位速度（v85）进行调整。设置空间受限制时，如果

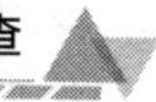

采用柱式标志，则可采用最小值。

针对交通标志尺寸的常见问题举例如下：

（1）分隔带右侧行驶标志版面尺寸过小。如图 5-3 所示，设置在隔离栏端头的分隔带右侧行驶标志版面尺寸过小，不符合《道路交通标志和标线 第 2 部分：道路交通标志》（GB 5768.2—2022）中关于圆形指示标志尺寸的最小值要求，应按要求进行更换。

图 5-3　右侧行驶标志版面尺寸过小

（2）同一地点两块警告标志尺寸不一致。如图 5-4 所示，设置在同一支撑结构上的两块警告标志尺寸大小不一致，其中必有一块标志的尺寸大小不符合《道路交通标志和标线 第 2 部分：道路交通标志》（GB 5768.2—2022）中关于警告标志尺寸的要求，应将不符合尺寸要求的标志按要求进行更换。

图 5-4　警告标志尺寸不一致

5.1.3　标志形状

《道路交通标志和标线　第 2 部分：道路交通标志》（GB 5768.2—2022）4.4 规定，道路交通标志形状应符合规定。

（1）三角形：顶角朝上的等边三角形用于警告标志，顶角朝下的等边三角形用于减速让行标志；

（2）圆形：用于禁令标志、指示标志；

（3）矩形：包括正方形与长方形，用于指示标志、指路标志、旅游区标志、辅助标志、告示标志及部分警告标志、禁令标志；

（4）叉形：用于铁路平交道口警告标志；

（5）正八边形：用于停车让行标志。

针对交通标志形状的常见问题举例如下：

如图 5-5 所示，错误地将停车让行标志形状设置为圆形，不符合《道路交通标志和标线　第 2 部分：道路交通标志》（GB 5768.2—2022）中关于停车让行标志形状为正八边形的要求，应及时进行更换。

图 5-5　停车让行标志形状使用错误

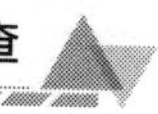

5.1.4　标志版面

《道路交通标志和标线 第 2 部分：道路交通标志》（GB 5768.2—2022）5.22 规定，禁止向左或向右转弯标志有时间、车种等特殊规定时，应用辅助标志说明，也可附加图形。附加图形时，保持箭头的位置不变。

针对交通标志版面的常见问题举例如下：

（1）禁止某种车型向右转弯标志版面不规范。如图 5-6 所示，在禁止向右转弯标志中附加车型图形时，将箭头的位置和大小进行了调整，不符合《道路交通标志和标线 第 2 部分：道路交通标志》（GB 5768.2—2022）中关于禁止向右转弯标志附加图形的要求，应将车种图形放在右下方合适位置，或利用辅助标志说明。

图 5-6　禁止货车向右转弯标志版面不规范

（2）禁止载货汽车驶入标志里加文字。如图 5-7 所示，在禁止载货汽车驶入标志里加文字，不符合《道路交通标志和标线 第 2 部分：道路交通标志》（GB 5768.2—2022）的规定，应将标志中的“重中型”文字设置在辅助标志里。

图 5-7　禁止载货汽车驶入标志加文字

5.1.5　标志位置

《道路交通标志和标线 第 2 部分：道路交通标志》（GB 5768.2—2022）4.8.7 规定，禁令标志和指示标志应设置在禁止、限制或遵循开始的位置。部分禁令标志开始路段的路口前适当位置宜设置相应的指路标志提示，使被禁止、限制车辆能够提前采取行动。

《道路交通标志和标线 第 2 部分：道路交通标志》（GB 5768.2—2022）4.8.8 规定，警告标志前置距离一般根据道路的设计速度选取。也可考虑所处路段的限制速度或自由流第 85 位速度按要求进行适当调整。

针对交通标志位置的常见问题举例如下：

（1）交叉路口标志位置设置不合理。如图 5-8 所示，限速 60km/h 的道路上，交叉路口标志设置的位置距离交叉口过近，不符合《道路交通标志和标线 第 2 部分：道路交通标志》（GB 5768.2—2022）中关于警告标志前置距离的要求，应根据速度选择合适的距离，如路段限速 60km/h，交叉路口标志应前置 30m。

图 5-8　交叉路口标志距离交叉口过近

（2）指示标志位置设置错误。如图 5-9 所示，在障碍物前错误使用指示标志，不符合《道路交通标志和标线　第 2 部分：道路交通标志》（GB 5768.2—2022）中关于指示标志的使用要求，而应设置线形诱导标志，同时在桥墩前方设置注意障碍物标志。

图 5-9　指示标志位置设置错误

5.1.6　标志顺序

《道路交通标志和标线　第 2 部分：道路交通标志》（GB 5768.2—2022）4.8.6 规定，一个支撑结构上并设的标志应按禁令标志、指示标志和警告标志的顺序从上往下、从左往右设置。

针对交通标志顺序的常见问题举例如下：

如图 5-10 所示，在同一个支撑结构上按照警告标志、禁令标志的顺序从左往右设置，按照指示标志、禁令标志的顺序从上向下设置，不符合《道路交通标志和标线 第 2 部分：道路交通标志》（GB 5768. 2—2022）中关于交通标志并设的顺序要求，应将标志按禁令标志、警告标志的顺序从左往右设置。

图 5-10　交通标志顺序设置错误

5. 1. 7　标志数量

《道路交通标志和标线 第 2 部分：道路交通标志》（GB 5768. 2—2022）4. 8. 2 规定，为保证视认性，同一地点需要设置两个以上标志时，宜安装在一个支撑结构上，但最多不应超过 4 个。

《城市道路交通标志和标线设置规范》（GB 51038—2015）4. 2. 4 规定，同一版面中禁令和指示标志的数量不应多于 4 种；快速路、隧道、特大桥梁路段的入口处，同一版面中的禁令或指示标志的数量不应多于 6 种；同一版面中禁止某种车辆转弯或禁止直行的标志，不应多于 2 种，若禁止的车辆类型多于 2 种，则应增设辅助标志。

针对交通标志数量的常见问题举例如下：

（1）同一支撑结构设置数量过多。如图 5-11 所示，在同一个支撑结构上设置的交通标志数量超过 4 个，不符合《道路交通标志和标线 第 2 部分：道路交通标志》（GB 5768. 2—2022）中关于标志在同一个支撑结构安装的数量要求，应整合交通标志，或者摘除多余交通标志。

图 5-11　同一支撑结构标志设置过多

（2）同一版面中禁止某种车型驶入数量过多。如图 5-12 所示，在同一版面中禁止某种车型驶入的数量超过 2 个，不符合《道路交通标志和标线 第 2 部分：道路交通标志》（GB 5768.2—2022）和《城市道路交通标志和标线设置规范》（GB 51038—2015）中关于同一版面禁止某种车型驶入的数量要求，应按要求整合交通标志。

图 5-12　同一版面中禁止驶入车型过多

5.1.8　标志清晰度

《道路交通标志和标线 第 2 部分：道路交通标志》（GB 5768.2—2022）4.5.2 规定，除特殊规定外，指路标志汉字高度一般值应根据设计速度选取。字高可根据设置路段的自由流第 85 位速度进行调整。道路上方指路标志、单向三车道及以上道路路侧的指路标志字高可增大 5~10cm。汉字字宽和字高应相等。

《道路交通标志和标线 第 2 部分：道路交通标志》（GB 5768.2—2022）4.5.6 规定，除本文件规定的禁令标志、指示标志和警告标志外，用文字表示的禁令标志、指示标志和警告标志的字高应按要求确定。特殊情况下，警告标志的字高经论证可适当降低，但不应小于字高下限值的 60%。

《道路交通标志和标线 第 2 部分：道路交通标志》（GB 5768.2—2022）4.5.8 规定，辅助标志和告示标志的字高一般值可按照规定值的 50%确定，但最小值不应小于 10cm。

针对交通标志清晰度的常见问题举例如下：

如图 5-13 所示，禁止机动车驶入标志的辅助标志信息过多，字符较小，不易被看清，不符合《道路交通标志和标线 第 2 部分：道路交通标志》（GB 5768.2—2022）中关于交通标志字符大小的设置要求，应重新设计交通标志，使传递的信息明确、简洁。

图 5-13　交通标志字符过小

5.1.9　标志信息量

《道路交通标志和标线 第 2 部分：道路交通标志》（GB 5768.2—2022）4.1.3 规定，应防止出现信息不足或过载的现象。

《道路交通标志和标线 第 2 部分：道路交通标志》（GB 5768.2—2022）8.1.4 规定，同一横断面指路标志上路名、路名编号、地名信息数量之和一般为 3~4

个，不宜超过 6 个；交叉路口预告标志和交叉路口告知标志版面中，同一个方向指示的目的地信息数量不应超过 2 个，同一方向选取两个信息时，应在一行或两行内按照信息由近到远的顺序由左至右或由上至下排列，且直行方向信息不宜竖向排列。

针对交通标志信息量的常见问题举例如下：

如图 5-14 所示，指路标志给出的信息超过 6 个，不符合《道路交通标志和标线　第 2 部分：道路交通标志》（GB 5768. 2—2022）中关于信息量的要求，应按一般道路指路标志信息选择的规则筛选重要信息，同时结合前后交叉口指路标志的信息，重新设计指路标志。

图 5-14　指路标志信息过载

5. 1. 10　标志连续性

《道路交通标志和标线　第 2 部分：道路交通标志》（GB 5768. 2—2022）8. 1. 4 规定，指路标志信息选取应关联、有序、连续；便于不熟悉路网体系但对出行路线有所规划的道路使用者确定当前位置，选取适合的路径到达目的地。

针对交通标志连续性的常见问题举例如下：

如图 5-15 所示，相邻两处交叉口的指路标志存在指路信息不关联、不连续的现象。例如，学府南街与八号路是同一条道路，信息不关联；在松岚街左侧是铁山中路，而在学府南街左侧是××大学，信息不连续。在指路标志设计时，应对整条道路指路信息进行系统规划，保证相邻交叉口间的信息关联、有序、连续。

图 5-15　指路标志信息不连续

5.1.11　标志完整性

《道路交通标志和标线　第 1 部分：总则》（GB 5768.1—2009）4.2.1 规定，道路交通标志和标线应维护良好，以保持交通标志和标线的完整、清晰、有效。

针对交通标志完整性的常见问题举例如下：

如图 5-16 所示，交通标志不符合《道路交通标志和标线　第 1 部分：总则》（GB 5768.1—2009）中关于保持交通标志完整、清晰、有效的要求，应对道路交通标志进行定期排查，及时更换破损、老旧的交通标志。

图 5-16　交通标志破损老旧

5.1.12　标志可见性

《城市道路交通标志和标线设置规范》（GB 51038—2015）3.1.3 规定，交通标志不应被行道树、广告、灯箱等设施遮挡，且不应遮挡信号灯或其他标志。

针对交通标志可见性的常见问题举例如下：

如图 5-17 所示，交通标志之间相互遮挡或被行道树遮挡，应定期修剪或清理遮挡交通标志的行道树；调整交通标志之间的距离，消除因交通标志过近而产生的遮挡问题；针对无法调整位置的交通标志，应采取相互不遮挡的支撑结构。

图 5-17　交通标志被遮挡

5.1.13　其他方面

（1）危险路段缺少警告标志。《城市道路交通标志和标线设置规范》（GB 51038—2015）7.1.1 规定，当道路交通需采用交通标志警告道路使用者前方有危险需谨慎行动时，应设置警告标志。

《城市道路交通标志和标线设置规范》（GB 51038—2015）7.1.2 规定，警告标志应设置在易发生危险的路段、容易造成道路使用者错觉而放松警惕的路段以及同一位置连续发生同类事故的路段。

针对危险路段缺少警告标志的问题举例如下：

如图 5-18 所示，在立交桥匝道处缺少线形诱导标，不符合《城市道路交通标志和标线设置规范》（GB 51038—2015）中关于警告标志的设置要求，应在弯道处设置线形诱导标，告知驾驶人道路线形。

图 5-18　缺少线形诱导标

（2）交通标志设置广告信息。《道路交通标志和标线 第 1 部分：总则》（GB 5768.1—2009）3.2 规定，道路交通标志和标线不应传递与道路交通无关的信息，如广告信息等。

针对交通标志设置广告信息的问题举例如下：

如图 5-19 所示，在指路标志中设置机动车检测站和驾校信息，不符合道路交通标志不应传递与道路交通无关信息的要求，应根据信息选取结果重新设计指路标志。

图 5-19　指路标志中设置无关信息

5.2　交通标线排查

道路交通标线是由施划或安装于道路上的各种线条、箭头、文字、图案及立面标记、实体标记、突起路标、轮廓标等构成，可为道路使用者传递交通规则、警告、指引等信息的一种道路交通管理设施，可与交通标志配合使用，也可单独使用。

5.2.1　标线颜色

《道路交通标志和标线 第 3 部分：道路交通标线》（GB 5768.3—2009）3.6 规定，道路交通标线的颜色为白色、黄色、蓝色或橙色，路面图形标记中可出现红色或黑色的图案或文字。

《城市道路交通标志和标线设置规范》（GB 51038—2015）11.2.1 规定，传达禁止、限制、警告等信息应采用黄色交通标线；传达重要的提示信息应采用白色交通标线；在作业区应采用橙色交通标线；为表达一些特殊意义也可采用红色、蓝色、黑色交通标线。

针对交通标线颜色的常见问题举例如下：

（1）分隔对向车流标线颜色使用错误。如图 5-20 所示，在传达禁止、限制、警告等信息时，错误选用白色交通标线，不符合《道路交通标志和标线 第 3 部分：道路交通标线》（GB 5768.3—2009）中关于分隔对向车流标线颜色的要求，应在道路养护时，及时将分隔对向车流的标线颜色更正为黄色。

图 5-20　分隔对向车流标线颜色使用错误

（2）双黄线内错误使用白线填充。如图 5-21 所示，在双黄线内错误使用白线填充，不符合《道路交通标志和标线 第 3 部分：道路交通标线》（GB 5768.3—2009）中关于分隔对向车流标线颜色的要求，应将白色填充线更改为黄色填充线。

图 5-21 双黄线内错误使用白线填充

5.2.2 标线形式

《道路交通标志和标线 第 3 部分：道路交通标线》（GB 5768.3—2009）3.6 规定，道路交通标线的形式、颜色及含义应符合规定，具体见表 5-1、表 5-2 及表 5-3。

表 5-1 指示标线

序号	标线名称	标线颜色	标线形式	设置方式
1	可跨越道路中心线	黄色	单虚线	纵向标线
2	可跨越同向车道分界线	白色	虚线	纵向标线
3	潮汐车道线	黄色	双虚线	纵向标线
4	车道边缘线	白色或黄色	实线或虚线	纵向标线
5	左转待行区线	白色	虚线	纵向标线
6	路口导向线	白色或黄色	虚线	纵向标线
7	导向车道线	白色	实线	纵向标线

续表

序号	标线名称	标线颜色	标线形式	设置方式
8	人行横道线	白色	粗实线	横向标线
9	车距确认线	白色	折线或半圆状	横向标线
10	道路出入口标线	白色	斜线、折线	其他标线
11	停车位标线	白色或黄色或蓝色	实线或虚线	其他标线
12	停靠站标线	白色或黄色	实线、虚线、斜线、折线	其他标线
13	减速丘标线	白色、黑色	图案、实线	其他标线
14	导向箭头	白色	箭头	其他标线
15	路面文字标记	黄色、白色等	文字	其他标线
16	路面图形标记	黄色、白色等	图案	其他标线

表 5-2　禁止标线

序号	标线名称	标线颜色	标线形式	设置方式
1	禁止跨越道路中心线	黄色	实线或虚实线	纵向标线
2	禁止跨越同向车道分界线	白色	实线	纵向标线
3	禁止停车线	黄色	实线或虚线	纵向标线
4	停止线	白色	实线	横向标线
5	停车让行线	白色	实线、文字	横向标线
6	减速让行线	白色	虚线、图案	横向标线
7	非机动车禁驶区标线	黄色	虚线	其他标线
8	导流线	白色或黄色	实线、折线、斜线	其他标线
9	中心圈	白色	圆形或菱形	其他标线
10	网状线	黄色	网格	其他标线
11	专用车道线	黄色或白色或蓝色	虚线或实线、文字	其他标线
12	禁止掉头（转弯）线	黄色	箭头、叉形、文字	其他标线

表 5-3　警告标线

序号	标线名称	标线颜色	标线形式	设置方式
1	渐变段标线	黄色	实线	纵向标线
2	接近障碍物标线	黄色或白色	实线、斜线、折线	纵向标线
3	铁路平交道口标线	白色、黄色	叉形、实线、虚线、文字	纵向标线
4	减速标线	白色	虚线	横向标线
5	立面标记	黄色、黑色	斜线	其他标线
6	实体标记	黄色、黑色	斜线	其他标线

针对交通标线形式的常见问题举例如下：

（1）导向车道线形式使用错误。如图 5-22 所示，错误地将路口导向车道线形式采用白虚线，不符合《道路交通标志和标线 第 3 部分：道路交通标线》（GB 5768.3—2009）中关于路口导向车道线形式的要求，应将导向车道线改为白实线。

图 5-22　导向车道线形式使用错误

（2）路口导向线形式使用错误。如图 5-23 所示，错误地将路口导向线形式施划为箭头，不符合《道路交通标志和标线 第 3 部分：道路交通标线》（GB 5768.3—2009）中关于路口导向线形式的要求，应将路口导向线改为标准的黄虚线。

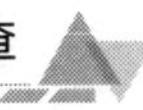

图 5-23　路口导向线形式使用错误

5.2.3　标线完备性

《道路交通标志和标线 第 1 部分：总则》（GB 5768.1—2009）4.2.1 规定，道路交通标志和标线应维护良好，以保持交通标志和标线的完整、清晰、有效。

针对交通标线完备性的常见问题举例如下：

如图 5-24 所示，地面标线不连续，渐变段内缺少车道标线，不符合《道路交通标志和标线 第 1 部分：总则》（GB 5768.1—2009）中关于标线完整性的要求，应对交通标线进行完善，使车道连续。

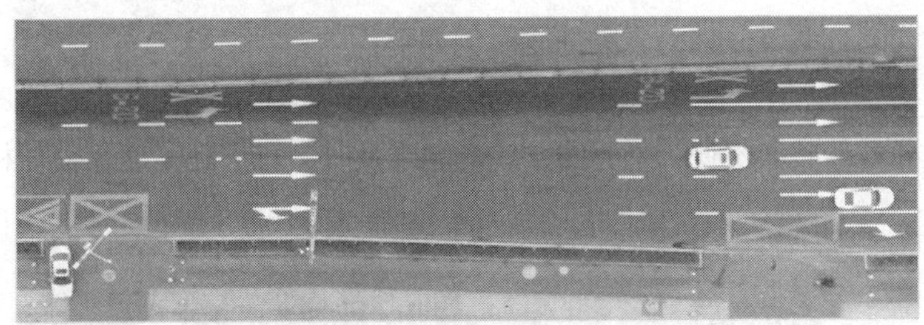

图 5-24　交通标线不连续

5.2.4　标线视认性

《道路交通标志和标线 第 1 部分：总则》（GB 5768.1—2009）4.2.1 规定，道路交通标志和标线应维护良好，以保持交通标志和标线的完整、清晰、有效。

《城市道路交通标志和标线设置规范》（GB 51038—2015）11.1.2 规定，应保证交通标线在使用期间的可视性，及时对交通标线进行维护。

针对交通标线视认性的常见问题举例如下：

如图 5-25 所示，存在交通标线不清晰、夜间反光性差，也存在交通标线磨损严重、缺失、脱落等问题，应对交通标线进行及时养护，确保交通标线符合标准要求，达到标线清晰、醒目、夜间反光的要求，并推荐使用刮涂工艺的双组分交通标线，提高抗污能力和夜间反光效果。

图 5-25　交通标线磨损严重

5.2.5　标线唯一性

《道路交通标志和标线 第 1 部分：总则》（GB 5768.1—2009）4.2.1 规定，道路交通标志和标线应维护良好，以保持交通标志和标线的完整、清晰、有效。

针对交通标线唯一性的常见问题举例如下：

如图 5-26 所示，为节省交通工程改造成本，实际中存在老线未除即划新线的现象，导致驾驶人不便识别标线，应对老线及时进行清除，确保交通标线具有唯一性。

图 5-26　老线与新线共存

5.2.6　其他方面

《道路交通标志和标线 第 3 部分：道路交通标线》（GB 5768.3—2009）4.9.3 规定，人行横道线的线宽为 40cm 或 45cm，线间隔一般为 60cm，可根据车行道宽度进行调整，但最大不应超过 80cm。

针对非标人行横道线的问题举例如下：

如图 5-27 所示，部分城市对人行横道进行创新，施划了“爱心斑马线”“脸谱斑马线”“卡通斑马线”等，不符合《道路交通标志和标线 第 3 部分：道路交通标线》（GB 5768.3—2009）中关于人行横道线的要求，应慎重使用非标人行横道线。

图 5-27　熊猫人行横道线

5.3　交通信号灯排查

交通控制是指通过交通警察、交通标志、交通标线、信号灯等对交通流进行有效控制，使之有序运行。交通信号灯是一种交通控制设施，利用信号灯的显示信息控制交通流的安全、有序、高效运行。

5.3.1　信号灯样式

《道路交通信号灯设置与安装规范》（GB 14886—2016）6.1.1 规定，机动车信号灯、方向指示信号灯竖向安装时，灯色排列顺序由上向下应为红、黄、绿；

横向安装时，灯色排列顺序由左至右为红、黄、绿。

《道路交通信号控制系统术语》（GB/T 31418—2015）2.1.2 规定，机动车信号灯是由红色、黄色、绿色 3 个几何位置分立的无图案圆形单元组成的一组道路交通信号灯，指挥机动车通行。

《道路交通信号控制系统术语》（GB/T 31418—2015）2.1.4 规定，人行横道信号灯是由几何位置分立的内有红色行人站立图案的单元和内有绿色行人行走图案的单元组成的一组道路交通信号灯，指挥行人通行。

《道路交通信号控制系统术语》（GB/T 31418—2015）2.1.5 规定，方向指示信号灯是由红色、黄色、绿色 3 个几何位置分立的内有同向箭头图案的圆形单元组成的一组道路交通信号灯，用于指挥某一方向机动车通行。箭头方向向左、向上和向右分别代表左转、直行和右转。绿色箭头表示车辆允许沿箭头所指的方向通行；红色或黄色箭头表示仅对箭头所指方向起红灯或黄灯的作用。

《道路交通信号控制系统术语》（GB/T 31418—2015）2.1.6 规定，掉头信号灯是由红色、黄色、绿色 3 个几何位置分立的内有掉头图案的圆形单元组成的一组道路交通信号灯，用于指挥机动车掉头。

针对信号灯样式的常见问题举例如下：

（1）方向指示信号灯采用复合灯。如图 5-28 所示，方向指示信号灯采用复合灯，不符合《道路交通信号灯设置与安装规范》（GB 14886—2016）和《道路交通信号控制系统术语》（GB/T 31418—2015）中对方向指示信号灯灯盘的要求，应更换为符合标准的“红色、黄色、绿色 3 个几何位置分立”的方向指示信号灯。

图 5-28　方向指示信号灯采用复合灯

（2）人行横道信号灯采用复合灯。如图 5-29 所示，人行横道信号灯采用复合灯，不符合《道路交通信号控制系统术语》（GB/T 31418—2015）中对人行横道信号灯灯盘的要求，应更换为由几何位置分立的内有红色行人站立图案的单元和内有绿色行人行走图案的单元组成的一组人行横道信号灯。

图 5-29　人行横道信号灯采用复合灯

（3）掉头信号灯采用复合灯。如图 5-30 所示，掉头信号灯采用复合灯，不符合《道路交通信号灯设置与安装规范》（GB 14886—2016）和《道路交通信号控制系统术语》（GB/T 31418—2015）中对掉头信号灯灯盘的要求，应更换为符合标准“红色、黄色、绿色 3 个几何位置分立”的掉头信号灯。

图 5-30　掉头信号灯采用复合灯

5.3.2　信号灯图案

《道路交通信号灯》（GB 14887—2011）5.1.2 规定，有图案信号灯的图案应符合要求。

《道路交通信号控制系统术语》（GB/T 31418—2015）2.1.4 规定，人行横道信号灯是由几何位置分立的内有红色行人站立图案的单元和内有绿色行人行走图案的单元组成的一组道路交通信号灯，指挥行人通行。

针对信号灯图案的常见问题举例如下：

如图 5-31 所示，人行横道信号灯红色发光单元图案采用“手掌”的形式，不符合《道路交通信号灯》（GB 14887—2011）和《道路交通信号控制系统术语》（GB/T 31418—2015）中对人行横道信号灯红色发光单元图案的要求，应将人行横道信号灯红色发光单元图案更换为红色行人站立图案。

图 5-31　人行横道信号灯红色发光单元图案不标准

5.3.3　信号灯灯色转换

《道路交通信号灯设置与安装规范》（GB 14886—2016）4.3.3 规定，信号灯灯色转换应符合要求。

（1）机动车信号灯：红→绿→黄→红。

（2）方向指示信号灯：红→绿→黄→红，或红→所有灯熄灭→黄→红。

（3）掉头信号灯：红→绿→黄→红。

（4）非机动车信号灯：红→绿→黄→红。

（5）人行横道信号灯：红→绿→绿灯闪烁→红。

（6）车道信号灯：红色叉形→绿色向下箭头→红色叉形。

（7）道口信号灯：两个红灯交替闪烁→红灯熄灭→两个红灯交替闪烁，或红灯亮→红灯熄灭→红灯亮。

针对信号灯灯色转换的常见问题举例如下：

如图 5-32 所示，同一个信号灯组，在一个周期内既用作方向指示信号灯，又用作机动车信号灯，不符合《道路交通信号灯设置与安装规范》（GB 14886—2016）中对方向指示信号灯灯色转换的要求，应将方向指示信号灯灯色转换进行调整。

图 5-32　信号灯灯色转换不规范

5.3.4　信号灯位置

《道路交通信号灯设置与安装规范》（GB 14886—2016）7.1.3 规定，路口信号灯采用悬臂式或柱式安装时，可安装在出口左侧、出口上方、出口右侧、进口左侧、进口上方和进口右侧。若只安装一个信号灯组合，应安装在出口处。

《道路交通信号灯设置与安装规范》（GB 14886—2016）7.1.4 规定，至少有一个信号灯组合的安装位置和方式能确保：在该信号灯组合所指示的车道上的机动车驾驶人，处于下表规定的范围内时均能清晰观察到信号灯。

表 5-4　信号灯位置要求

设计速度（km/h）	30	40	50	60	70	80
与停止线最小距离（m）	50	65	85	110	140	165

针对信号灯位置的常见问题举例如下：

如图 5-33 所示，信号灯安装在进口处，不符合驾驶人的视认习惯，不利于驾驶人的快速识别和反应，不符合《道路交通信号灯设置与安装规范》（GB 14886—2016）中对信号灯位置安装的要求，应合理设置信号灯的位置，若只安装一个信号灯组合，应安装在出口处，确保其可视性。

图 5-33 信号灯安装在对向进口道位置

5.3.5 信号灯方位

《道路交通信号灯设置与安装规范》（GB 14886—2016）7.6.1 规定，机动车信号灯、方向指示信号灯、闪光警告信号灯的安装方位，应使信号灯基准轴与地面平行，基准轴的垂面通过所控机动车道停车线后 60m 处中心点。

针对信号灯方位的常见问题举例如下：

如图 5-34 所示，信号灯存在偏光效应，北进口方向车辆能同时看到本方向的信号灯和与其冲突方向的信号灯，应采用加长版遮沿或调整信号灯的角度，避免驾驶人识别错误方向上的信号灯信息。

图 5-34 信号灯存在偏光效应

5.3.6　信号灯灯色排列

《道路交通信号灯设置与安装规范》（GB 14886—2016）6.1.1 规定，机动车信号灯、方向指示信号灯竖向安装时，灯色排列顺序由上向下应为红、黄、绿；横向安装时，灯色排列顺序由左至右应为红、黄、绿。

针对信号灯灯色排列的常见问题举例如下：

如图 5-35 所示，信号灯发光单元按照绿、黄、红的顺序排列，不符合《道路交通信号灯设置与安装规范》（GB 14886—2016）中对信号灯发光单元排列顺序的要求，应将灯色调整为由上向下为红、黄、绿的排列顺序。

图 5-35　信号灯发光单元排列顺序不规范

5.3.7　信号灯组合数量

《道路交通信号灯设置与安装规范》（GB 14886—2016）7.3.4 规定，停止线与信号灯的距离大于 50m 时，或道路路段双向 4 车道，宜增设信号灯组合；道路路段为双向 6 车道及以上，应增设至少一个信号灯组合。

针对信号灯组合数量的常见问题举例如下：

如图 5-36 所示，双向 6 车道的城市主干路，信号灯组合数无法满足信号灯的覆盖范围要求，靠左侧车辆驾驶人易被右侧车辆遮挡，影响信号灯的可视性，应根据车道数量及信号灯距离停止线的距离合理增设信号灯组合。

图 5-36　信号灯组合数量不足

5.3.8　信号灯可见性

《中华人民共和国道路交通安全法》第 28 条规定，道路两侧及隔离带上种植的树木或者其他植物，设置的广告牌、管线等，应与交通设施保持必要的距离，不得遮挡路灯、交通信号灯、交通标志，不得妨碍安全视距，不得影响通行。

《城市道路交通标志和标线设置规范》（GB 51038—2015）3.1.3 规定，交通标志不应被行道树、广告、灯箱等设施遮挡，且其不应遮挡信号灯或其他交通标志。

针对信号灯可见性的常见问题举例如下：

如图 5-37 所示，信号灯被行道树遮挡，应及时修剪、清理或调整障碍物。

图 5-37　信号灯被遮挡

5.3.9　信号灯完整性

《道路交通信号灯设置与安装规范》（GB 14886—2016）5.1.6.1 规定，在采用信号控制的路口，已施划人行横道标线时，应设置人行横道信号灯。

针对信号灯完整性的常见问题举例如下：

如图 5-38 所示，存在信号控制交叉口缺少人行横道信号灯的现象，不符合《道路交通信号灯设置与安装规范》（GB 14886—2016）中对人行横道信号灯的设置要求，应增设人行横道信号灯。

图 5-38　缺少人行横道信号灯

5.3.10 其他方面

（1）信号灯损坏。《道路交通信号灯设置与安装规范》（GB 14886—2016）4.1.3 规定，信号灯超出使用寿命或出现亮度不足、颜色失真和 LED 点阵缺失等现象影响使用时，应及时更换。

针对信号灯损坏的常见问题举例如下：

如图 5-39 所示，机动车信号灯 LED 点阵缺失，不符合《道路交通信号灯设置与安装规范》（GB 14886—2016）中关于信号灯使用的要求，应定期对信号灯进行排查，及时更换损坏的信号灯。

图 5-39 信号灯 LED 点阵缺失

（2）倒计时嵌入黄灯发光单元。《道路交通信号灯》（GB 14887—2011）5.1.2 规定，有图案信号灯的图案应符合要求。

《道路交通信号倒计时显示器》（GA/T 508—2014）3.1 规定，道路交通信号倒计时显示器独立于道路交通信号灯，同步显示交通信号灯色剩余时间。

针对倒计时嵌入黄灯发光单元的常见问题举例如下：

如图 5-40 所示，倒计时嵌入黄灯发光单元中，不符合《道路交通信号灯》（GB 14887—2011）中对信号灯图案的要求及《道路交通信号倒计时显示器》（GA/T 508—2014）中对倒计时显示器独立于道路交通信号灯的要求，应单独设置交通信号倒计时显示器。

图 5-40　倒计时嵌入黄灯发光单元

5.4　其他设施排查

在交通管理工作中，除了交通标志、交通标线、信号灯等常见交通管理设施外，还涉及护栏、轮廓标、停靠站、隔离、安全岛、照明、监控等交通管理设施。

5.4.1　护栏

（1）护栏端部防护。《城市道路交通安全设施设计规范》（GB 50688—2011）7.2.8 规定，防撞护栏的起、迄点端部应做安全性处理。

针对护栏端部防护的常见问题举例如下：

如图 5-41 所示，中央分隔带护栏端部未进行安全性处理，存在车辆直接冲入波形护栏之间的安全隐患，应在中央分隔带处护栏端部进行防护、反光等安全性处理。

图 5-41　中央分隔带护栏端部防护不足

（2）护栏轮廓标。《道路交通标志和标线 第 3 部分：道路交通标线》（GB 5768.3—2009）7.2.2 规定，高速公路的主线直线段轮廓标设置间隔一般为 50m；附设于护栏上时，其设置间隔可为 48m。一级公路和城市快速干道的主线直线段轮廓标设置间隔一般为 40m。二级公路、三级公路和其他道路的主线直线段轮廓标设置间隔一般为 30m。

针对护栏轮廓标的常见问题举例如下：

如图 5-42 所示，中央分隔带处的波形护栏上轮廓标缺失，应定期对交通设施进行排查，及时发现交通设施缺失、损坏等问题，尤其对弯道处应重点完善轮廓标设置，提升视线诱导效果。

图 5-42　波形护栏轮廓标缺失

5.4.2　停靠站

（1）停靠站位置。《城市道路交叉口规划规范》（GB 50647—2011）8.2.1 规定，交叉口常规公共汽（电）车停靠站设置，应符合下列规定。

①平面交叉口常规公共汽（电）车停靠站宜布置在交叉口出口道，并应与出口道进行一体化展宽，且应靠近交叉口人行横道。常规公共汽（电）车停靠站的布置不应造成公交车停靠排队溢出；

②当进口道有展宽车道时，应将公共汽（电）车停靠站布设在展宽车道的上游，并应与进口道进行一体化展宽；当进口道无展宽车道时应将公共汽（电）车停靠站布设在右侧车道最大排队长度上游 15~20m 处。

针对停靠站位置的常见问题举例如下：

如图 5-43 所示，停靠站设在交叉口进口车道，导致交叉口视距被遮挡，公交车停靠阻碍交叉口正常运行，不符合《城市道路交叉口规划规范》（GB 50647—2011）中对交叉口常规公共汽（电）车停靠站的设置要求，应合理调整停靠站的位置。

图 5-43　公交停靠站设在交叉口进口车道

（2）停靠站形式。《城市道路交通安全设施设计规范》（GB 50688—2011）10.6.2 规定，城市主干路应采用港湾式公交停靠站，车流量大的次干路宜采用港湾式公交停靠站；快速路上设置的公交停靠站应满足现行行业标准《城市快速路设计规程》（CJJ 129—2009）的规定。

针对停靠站形式的常见问题举例如下：

如图 5-44 所示，城市主干路上公交车停靠站采用直线式，公交车停靠时阻碍其他车辆的正常运行，不符合《城市道路交通安全设施设计规范》（GB 50688—2011）中对城市主干路应采用港湾式公交停靠站的要求。

图 5-44 主干路设置直线式公交停靠站

5.4.3 无障碍设施

《无障碍设计规范》（GB 50763—2012）4.2.1 规定，人行道处缘石坡道设计应符合下列规定。

（1）人行道在各种路口、出入口位置必须设置缘石坡道；

（2）人行横道两端必须设置缘石坡道。

针对无障碍设施的常见问题举例如下：

如图 5-45 所示，行人过街处缺少必要的无障碍设计，人行横道线对应的路缘石高度未降低，导致残疾人轮椅无法通过，应对人行横道线对应的路缘石进行降低处理，方便残疾人轮椅通行。

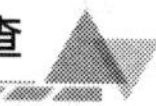

图 5-45　人行横道位置路缘石未做无障碍处理

5.4.4　安全岛

《城市道路交通工程项目规范》（GB 55011—2021）4.0.9 规定，双向 6 车道及以上的城市主干路交叉口，未设置过街人行天桥或地下通道时，应在人行横道设置安全岛。

针对行人过街安全岛的常见问题举例如下：

如图 5-46 所示，双向 6 车道及以上的城市主干路交叉口的人行横道处缺少配套的安全岛，行人一次过街距离过大，存在交通安全隐患，应在人行横道处科学设置安全岛，为通行时间不足的行人提供驻足区。

图 5-46　交叉口人行横道处缺少安全岛

5.4.5　隔离栏

《城市道路交通安全设施设计规范》（GB 50688—2011）7.2.5 规定，设计速度大于或等于 50km/h 的主干路中央分隔带宜设置防撞护栏。

针对隔离栏设置的常见问题举例如下：

如图 5-47 所示，双向 8 车道设计速度大于 50km/h 的主干路缺少中央隔离设施，应按照规定合理设置道路中央分隔设施。

图 5-47　缺少中央分隔设施

5.4.6　照明设施

《城市道路交通工程项目规范》（GB 55011—2021）9.1.2 规定，城市道路应该配套建设满足道路安全使用和节能环保要求的照明系统。

针对照明设施的常见问题举例如下：

如图 5-48 所示，存在行人过街需求的路段缺少照明设施，尤其在道路相对较宽、车速较大的路段缺少照明设施，夜间事故风险较大，应在缺少照明设施的路段增设路灯，保证夜间行车安全。

图 5-48　道路缺少路灯

5.4.7 人行横道

《城市道路交通安全设施设计规范》（GB 50688—2011）10.3.1 规定，快速路和主干路上人行过街设施的间距宜为 300~500m，次干路上人行过街设施的间距宜为 150~300m。

《道路交通标志和标线 第 3 部分：道路交通标线》（GB 5768.3—2009）4.9.3 规定，人行横道线的设置间距根据实际需要确定，但路段上设置的人行横道线间距一般应大于 150m。

针对人行横道的常见问题举例如下：

如图 5-49 所示，城市主干路短距离连续设置 3 处人行横道，严重影响交通流运行的连续性，不符合主干路人行过街设施设置间距的要求，应考虑人行过街需求，对人行横道设置的位置进行统一规划设计。

图 5-49 人行横道距离过近

5.4.8 监控设备

《道路交通信号灯设置与安装规范》（GB 14886—2016）4.1.2 规定，设置信号灯时，应配套设置相应的道路交通标志、标线和交通技术监控设备。

针对监控设备的常见问题举例如下：

（1）信号控制交叉口缺少交通技术监控设备。如图 5-50 所示，部分信号控制交叉口缺少相应的交通技术监控设备，不符合《道路交通信号灯设置与安装规范》（GB 14886—2016）中对设置信号灯时建设配套设备的要求，应增设交通技术监控设备。

图 5-50　信号控制交叉口处缺少交通技术监控设备

（2）路段人行横道信号灯缺少交通技术监控设备。如图 5-51 所示，部分路段人行横道信号灯缺少相应的交通技术监控设备，不符合《道路交通信号灯设置与安装规范》（GB 14886—2016）中对设置信号灯时建设配套设备的要求，应增设交通技术监控设备。

图 5-51　路段人行横道信号灯处缺少交通技术监控设备

第6章 公路交通安全隐患排查

公路交通安全隐患排查工作主要依据现行法律、法规、规章、标准等对公路交通设施存在的不规范问题进行审查，同时通过交通事故分析对公路设施不合理问题进行摸排，进而提出相应的整改措施，主要涉及交叉口、接入口、弯坡道、穿村过镇路段等。

6.1 交叉口排查

交叉口是指两条及以上一级公路、二级公路、三级公路或四级公路相交形成的平面交叉路口。交叉口位置主要涉及渠化、视距、交通安全设施、信号控制等方面的安全隐患。

6.1.1 交叉口渠化

相比城市道路，公路交叉口的渠化设计水平往往偏低。通常存在交叉口结构难渠化、交叉口缺少渠化及渠化不合理等问题。

(1) 交叉口结构难渠化。受道路规划的限制，部分公路交叉口的结构不规范，导致渠化设计难度很大，甚至无法形成合适的渠化方案，从而造成长期存在交通安全隐患。如图 6-1 所示，此类交叉口为一种 Y 形交叉口，俗称“三角地”，机动车在岛尖位置交叉合流，三处交织区车流冲突严重，容易引发交通事故。最优方案是将此类交叉口进行结构改造，形成标准的 T 形交叉口后进行渠化设计，以提高交通安全水平。

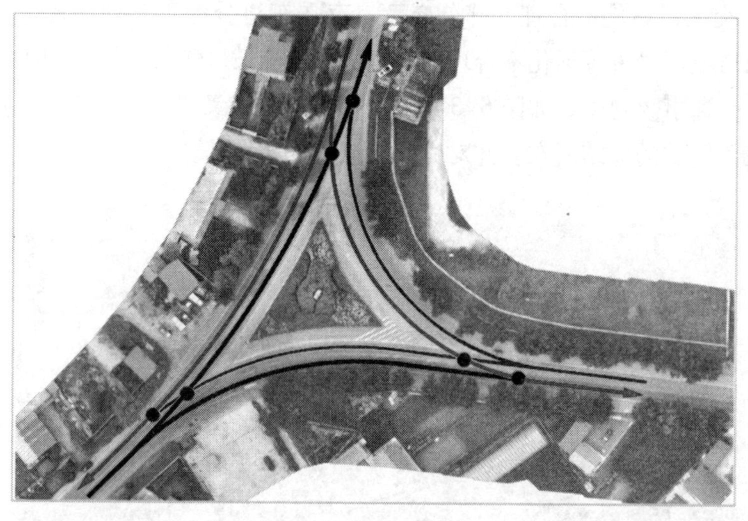

图 6-1　交叉口结构难渠化

（2）交叉口缺少渠化。部分公路交叉口缺少渠化设计，车道功能、停车空间、通行轨迹等关键问题均未明确，导致交叉口车流混乱，冲突点多且不固定，往往存在较大的交通安全隐患，如图 6-2 所示。针对此类交叉口，应及时开展渠化设计与改造，消除交通隐患点，提升交通安全水平。

图 6-2　交叉口缺少渠化

（3）交叉口渠化不合理。部分交叉口存在车道分配不合理、转弯轨迹不合理、交叉口范围过大等渠化不合理的问题，影响交叉口通行效率的同时，也会造成一定的交通事故隐患，如图 6-3 所示。对于此类交叉口应对渠化方案重新进行评估，找到问题的症结所在，并对交叉口进行优化设计。

图 6-3　交叉口渠化不合理

6.1.2　交叉口视距

为了保障交叉口行车安全，驾驶人驾驶车辆进入交叉口前的一段距离内应能清晰看到相交道路的来车情况，以便及时采取安全驾驶措施。然而，公路交叉口普遍存在视距不足的问题。

（1）绿植遮挡交叉口视距。部分公路交叉口视距被行道树等绿植遮挡的问题十分突出，违反《中华人民共和国道路交通安全法》第 28 条的规定，道路两侧及隔离带种植的树木或其他植物不得妨碍安全视距，如图 6-4 所示。针对此类隐患，应考虑交叉口不同控制方式所需的视距范围，并对视距范围内的绿植进行修剪。

图 6-4　绿植遮挡交叉口视距

（2）牌匾遮挡交叉口视距。部分交叉口的视距被广告牌、铭牌、条幅等障碍物遮挡，同样形成交通安全隐患，如图 6-5 所示。针对此类隐患，应考虑交叉口不同控制方式所需的视距范围，并对视距范围内的牌匾进行清理。

图 6-5　牌匾遮挡交叉口视距

（3）建筑物遮挡交叉口视距。部分交叉口的视距被房屋、围墙、石柱等障碍物遮挡，同样会形成交通安全隐患，如图 6-6 所示。针对此类隐患，应考虑交叉口不同控制方式所需的视距范围，并对视距范围内的建筑物进行拆除，若不具备拆除条件，则应通过设置减速带、凸面镜等交通安全设施消除隐患。

图 6-6　建筑物遮挡交叉口视距

6.1.3　交叉口交通安全设施

公路交通安全设施大量设置在交叉口附近，通常存在交通安全设施缺失、交通安全设施不规范、交通安全设施维护不及时等问题。

（1）交通安全设施缺失。如图 6-7 所示，部分公路交叉口未施划交通标线，或施划交通标线不足，导致行车秩序混乱。针对此类隐患，应视交叉口渠化方案施划交通标线，明确各类道路使用者的路权。

图 6-7　交叉口缺少车道分界线

如图 6-8 所示，公路交叉口存在缺少交叉路口标志、人行横道标志、停车让行标志问题。针对此类隐患，应及时布设缺少的交通标志。

图 6-8　交叉口缺少人行横道标志

（2）交通安全设施不规范。交通安全设施设置应符合相关技术标准的规定，否则将难以起到充分的交通安全保障作用，也难以保证道路使用者能够正确理解，且在发生交通事故后给责任认定工作带来麻烦。

如图 6-9 所示，此交叉口为十字交叉口，但指路标志却为 T 形交叉口，容易导致驾驶人产生误判。针对此类隐患，应对不规范的交通标志进行更换。

图 6-9　交叉口指路标志不规范

如图 6-10 所示，交叉口人行横道的行人驻足区设在行车轨迹上，存在交通安全隐患。针对此类隐患应对交叉口进行优化设计，并对交叉口的人行横道位置进行合理调整。

图 6-10　交叉口人行横道位置不规范

如图 6-11 所示，已设置指路标志的交叉口进口无须再设置交叉路口标志，增加驾驶人的驾驶负荷。针对此类隐患，应将多余的交叉路口标志进行清除。

图 6-11　交叉路口标志设置不规范

如图 6-12 所示，交叉口设置的交通标志过多，交通信息过载，驾驶人不易识别。针对此类隐患，应对交叉口交通标志重新规划设计，清理不必要的交通标志或调整部分标志的位置。

图 6-12　交叉口标志设置过载

如图 6-13 所示，交叉口进口车道分界线错误地施划为虚线，不能明确交叉口行车轨迹。针对此类隐患，应按《道路交通标志和标线 第 3 部分：道路交通标志》（GB 5768. 3—2009）进行标线的优化整改。

图 6-13　交叉口进口车道分界线错误地施划为虚线

如图 6-14 所示，指路标志设置位置距离交叉口过近，仅有 15m，无法保证驾驶人及时视认并作出适当的驾驶操作。针对此类隐患，应对指路标志的设置位置进行适当调整。

图 6-14　指路标志设置位置距离交叉口过近

如图 6-15 所示，此位置为 T 形交叉口，但公路主线上进口车道内错误地使用直行导向箭头，车道功能与交叉口实际转向不相符。针对此类隐患，应对导向箭头重新施划。

图 6-15　交叉口导向箭头施划错误

（3）交通安全设施维护不及时。即使交叉口的交通安全设施齐全且规范，但如果设施运维不及时，也会形成交通安全隐患，包括设施老旧、破损、不反光等。

如图 6-16 所示，交叉口交通标志破损严重，影响驾驶人的准确识别。针对此类隐患，应将破损的交通标志及时更新，并加强交叉口交通安全设施的维护。

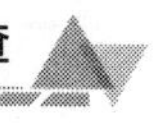

图 6-16　交叉口交通标志破损严重

6.1.4　交叉口信号控制

公路信号控制交叉口存在缺少人行横道信号灯、信号相位冲突、信号清空时间不足等问题。

（1）缺少人行横道信号灯。如图 6-17 所示，信号控制交叉口只设置了机动车信号灯，缺少人行横道信号灯，导致行人过街路权不明确。针对此类隐患，应根据《道路交通信号灯设置与安装规范》（GB 14886—2016）的有关规定，完善人行横道信号灯设置。

图 6-17　信号控制交叉口缺少人行横道信号灯

（2）信号相位冲突。如图 6-18 所示，交叉口采用标准的两相位信号控制，但却采用了左转方向指示信号灯，导致交叉口路权冲突，容易发生交通事故。针对此类隐患，应将左转方向指示信号灯改为机动车信号灯，或采用 4 相位放行方案。

图 6-18　交叉口信号相位冲突

（3）信号清空时间不足。如图 6-19 所示，公路信号控制交叉口清空时间不足导致两辆载重货车发生碰撞。针对此类隐患，可调整交叉口信号相序，或适当增设交叉口清空时间，消除相邻相位之间的车辆冲突。

图 6-19　交叉口清空时间不足导致交通事故

6.2　接入口排查

接入口是指非等级道路接入一级公路、二级公路、三级公路或四级公路形成的平面交叉路口。接入口位置主要涉及接入方式、接入口位置、接入口视距、接入口设施等方面的安全隐患。

6.2.1　接入方式

公路接入口的不良接入方式包括接入高差大、接入角度小、接入范围大等。

（1）接入高差大。如图 6-20 所示，次要道路接入公路主线坡度过大，导致车辆驶入主线时不具备安全停车实施瞭望的条件。针对此类隐患，应按《公路路线设计规范》（JTG D20—2017）12.4 的规定，实施“坡改平”工程改造。

图 6-20　接入口接入高差大

（2）接入角度小。如图 6-21 所示，次要道路接入公路主线角度过小，导致车辆驶入主线时不具备安全停车实施瞭望的条件。针对此类隐患，应对接入口进行微改造，使接入角度不超过 70°。

图 6-21　接入口接入角度小

(3) 接入范围大。如图 6-22 所示，路侧超市、饭店、加油站等用地与公路开放式连接，会对公路产生严重的侧向干扰。针对此类隐患，应对开放式接入公路主线的用地区域，在公路建筑限界外设置波形护栏、绿化带等物理设施实施隔离，并明确路侧用地的出入口。

图 6-22　接入口接入范围大

6.2.2　接入口位置

公路接入口位置存在的问题主要包括接入口位于弯道段、接入口位于坡道段、接入口密度过大等。

(1) 接入口位于弯道段。如图 6-23 所示，接入口接在圆曲线切点位置，进

出车辆容易发生交通事故。针对此类隐患，应考虑调整接入口接入位置的可行性，如不具备调整的条件，则应尽量实施接入口禁左。

图 6-23　接入口位于弯道段

（2）接入口位于坡道段。如图 6-24 所示，接入口接在公路下坡位置，进出车辆容易发生交通事故。针对此类隐患，应考虑调整接入口接入位置的可行性，如不具备调整的条件，则应尽量实施接入口禁左。

图 6-24　接入口位于坡道段

（3）接入口密度过大。如图 6-25 所示，次要道路接入公路主线形成的接入口过多，接入密度过大，导致公路横向干扰过大。针对此类隐患，应视接入口的形式、位置、间隔等对接入口进行适当调整或合并。

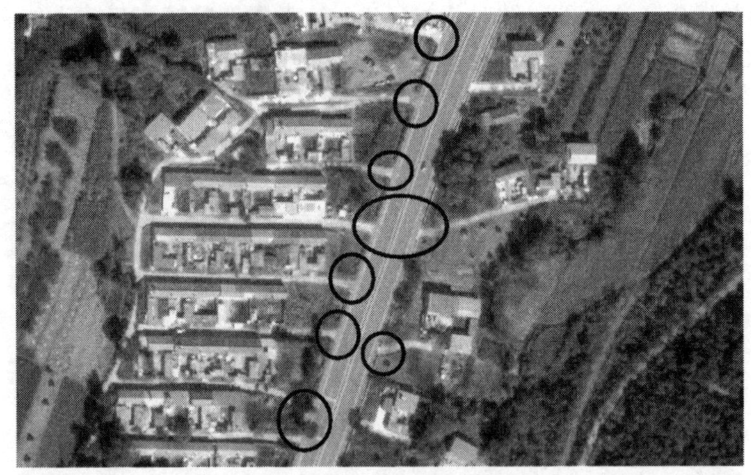

图 6-25　接入口密度过大

6.2.3　接入口视距

接入口视距易被绿植、牌匾、建筑物等遮挡。

（1）绿植遮挡接入口视距。如图 6-26 所示，行道树遮挡接入口视距，导致驾驶人不能及时视认相交道路的来车，容易发生交通事故。针对此类隐患，应考虑接入口不同控制方式所需的视距范围，并对视距范围内的绿植进行修剪。

图 6-26　行道树遮挡接入口视距

（2）牌匾遮挡接入口视距。如图 6-27 所示，广告牌遮挡接入口视距，导致驾驶人不能及时视认相交道路的来车，容易发生交通事故。针对此类隐患，应考虑接入口不同控制方式所需的视距范围，并对视距范围内的广告牌进行清理。

图 6-27　广告牌遮挡接入口视距

（3）建筑物遮挡接入口视距。如图 6-28 所示，建筑物遮挡接入口视距，导致驾驶人不能及时视认相交道路的来车，容易发生交通事故。针对此类隐患，应考虑接入口不同控制方式所需的视距范围，并对视距范围内的建筑物进行拆除，若不具备拆除条件，则应通过设置减速带、凸面镜等交通安全设施消除隐患。

图 6-28　建筑物遮挡接入口视距

6. 2. 4　接入口设施

接入口的设施问题包括交通设施缺失、交通设施不规范、公交停靠站位置不合理等。

（1）交通设施缺失。如图 6-29 所示，公路接入口未设交叉路口标志，导致驾驶人不易识别接入口的存在。针对此类隐患，应及时补设缺少的各种交通安全设施。

图 6-29　接入口缺少交叉路口标志

如图 6-30 所示，接入口次要道路方向（乡村道路、机耕路）设置了减速丘，但未同步设置配套的减速丘标志，导致驾驶人不易识别减速丘。

图 6-30　接入口次要道路方向缺少减速丘标志

如图 6-31 所示，接入口次要道路方向缺少让行标志标线，导致接入口路权不明确。针对此类隐患，应在次要道路进口位置设置让行标志标线。

图 6-31　接入口次要道路方向缺少让行标志标线

（2）交通设施不规范。如图 6-32 所示，接入口进口设置的交通标志间相互遮挡，影响驾驶人及时视认重要的交通警示信息。针对此类隐患，应将交通标志位置进行合理调整。

图 6-32　接入口交通标志相互遮挡

如图 6-33 所示，交通标志被行道树遮挡，影响驾驶人及时视认重要的交通警示信息。针对此类隐患，应对遮挡交通标志的行道树进行修剪。

图 6-33　接入口交通标志被行道树遮挡

如图 6-34 所示，接入口处道路中心线错误地施划为黄实线，进出车辆无法实现左转。针对此类隐患，应将接入口处的黄实线断为黄虚线。

图 6-34　接入口处道路中心线错误地施划为黄实线

如图 6-35 所示，交叉路口标志与实际道路相交形式不符，可能导致驾驶人被误导，从而形成额外的交通安全隐患。针对此类隐患，应视接入口实际相交形式更换交叉路口标志。

图 6-35　交叉路口标志与实际道路相交形式不符

如图 6-36 所示，接入口位置的车道边缘线错误地施划为白色实线，与接入口有车辆进出的事实不符。针对此类隐患，应将接入口位置车道边缘线改为白色虚线。

图 6-36　接入口车道边缘线错误地施划为白色实线

如图 6-37 所示，接入口两侧道口标柱被护栏遮挡，导致驾驶人不易识别此交叉口。针对此类隐患，应将道口标柱移至护栏另一侧。

图 6-37　道口标柱被护栏遮挡

（3）公交停靠站位置不合理。如图 6-38 所示，公交停靠站设在接入口处，一旦有公交车停靠，则势必会遮挡接入口视距。针对此类隐患，应对公交停靠站位置进行合理调整。

图 6-38　接入口处设置公交停靠站

6.3　弯坡道排查

公路弯坡道包括弯道路段、坡道路段或弯坡组合路段。弯坡道位置主要涉及视线诱导、视距、标志标线、服务设施等方面的安全隐患。

6.3.1　弯道视线诱导

弯道视线诱导主要包括缺少视线诱导设施、视线诱导设施不反光等问题。

（1）缺少视线诱导设施。如图 6-39 所示，弯道路段未设置视线诱导设施，导致驾驶人可能会对道路线形产生误判，特别是在夜间时段。针对此类隐患，应按《公路交通安全设施设计规范》（JTG D81—2017）的规定，完善弯道处视线诱导设施的设置。

图 6-39　弯道路段缺少视线诱导设施

（2）视线诱导设施不反光。如图 6-40 所示，路基护栏立柱表面的反光膜被土覆盖，失去夜间视线诱导能力。针对此类隐患，应对护栏不洁净问题进行及时养护，确保公路视线诱导效果。

图 6-40　视线诱导设施不反光

6.3.2 弯道视距

弯道视距易被杂物、树木等遮挡。

(1) 杂物遮挡弯道视距。如图 6-41 所示，弯道内侧堆放的木头遮挡安全停车视距，易发生交通事故。针对此类隐患，应考虑弯道处所需的停车视距范围，对视距范围内的杂物进行清理。

图 6-41 杂物遮挡弯道视距

(2) 树木遮挡弯道视距。如图 6-42 所示，弯道内侧树木遮挡安全停车视距，易发生交通事故。针对此类隐患，应考虑弯道处所需的停车视距范围，对视距范围内的树木进行移除。

图 6-42 树木遮挡弯道视距

6.3.3　弯坡道标志标线

弯坡路段标志标线问题包括弯道路段不具备超车视距位置施划黄虚线、坡道路段不具备超车视距位置施划黄虚线等。

（1）弯道路段不具备超车视距位置施划黄虚线。如图 6-43 所示，此路段为弯道路段，不具备安全超车条件，局部错误使用黄虚线，误导驾驶人可以进行超车。针对此类隐患，应将不具备超车视距条件弯道路段的道路中央改为黄实线。

图 6-43　弯道路段不具备超车视距位置施划黄虚线

（2）坡道路段不具备超车视距位置施划黄虚线。如图 6-44 所示，此路段为坡道路段，不具备安全超车条件，局部错误使用黄虚线，误导驾驶人可以进行超车。针对此类隐患，应将不具备超车视距条件坡道路段的道路中央改为黄实线。

图 6-44 坡道路段不具备超车视距位置施划黄虚线

6.3.4 弯坡道服务设施

弯坡道服务设施设置问题包括弯道路段设置公交停靠站、坡道路段设置公交停靠站等。

（1）弯道路段设置公交停靠站。如图 6-45 所示，公交停靠站设在弯道处，公交车停靠上下客存在较大安全隐患。针对此类隐患，应对公交停靠站位置进行合理调整。

图 6-45 弯道处设置公交停靠站

（2）坡道路段设置公交停靠站。如图 6-46 所示，公交停靠站设在坡道处，

公交车停靠上下客存在较大安全隐患。针对此类隐患，应对公交停靠站位置进行合理调整。

图 6-46　坡道处设置公交停靠站

6.4　穿村过镇路段排查

穿村过镇路段是指公路穿越村屯、乡镇、集市等位置的路段。穿村过镇路段主要涉及横断面、行人过街、交通设施、道路限界等方面的安全隐患。

6.4.1　横断面

穿村过镇路段横断面问题包括超二级公路危险超车、路侧缺少行人通行空间、路侧缺少非机动车通行空间等。

（1）超二级公路危险超车。如图 6-47 所示，超二级公路主要是指路基宽度为 15~18m，横断面布置为双向 4 条车道的二级公路，此类公路车辆会频繁利用慢车道超车，形成明显的交通安全隐患。针对此类隐患，应将慢车道宽度压缩，作为非机动车道使用。

图 6-47　超二级公路危险超车

（2）路侧缺少行人通行空间。如图 6-48 所示，穿村过镇路段路侧缺少行人通行空间，导致行人不得不利用路肩行走，容易被车辆剐蹭。针对此类隐患，应按《公路工程技术标准》（JTG B01—2014）4.0.13“行人密集、交通量较大的公路应设置人行道”的规定，在硬路肩外侧设置人行道。

图 6-48　穿村过镇路段缺少行人通行空间

（3）路侧缺少非机动车通行空间。如图 6-49 所示，具备道路条件的穿村过镇路段缺少非机动车通行空间，导致非机动车不得不利用机动车道通行，容易发生交通事故。针对此类隐患，应将外侧车道作为非机动车道使用，并尽可能设置机非隔离设施。

图 6-49　穿村过镇路段缺少非机动车通行空间

6.4.2　行人过街

穿村过镇路段的行人过街设施问题包括学校区域缺少人行横道、斑马线缺少人行横道标志、缺少人行横道预告标识等。

（1）学校区域缺少人行横道。如图 6-50 所示，学校区域上下学时段学生过街的需求较大，行人过街设施缺失存在严重的交通安全隐患。针对此类隐患，应科学设计人行横道，并配设相应的交通安全设施。

图 6-50　学校区域缺少人行横道

（2）斑马线缺少人行横道标志。如图 6-51 所示，穿村过镇路段施划斑马线的位置缺少人行横道标志，导致驾驶人不易识别人行横道。针对此类隐患，应将人行横道标志补全。

图 6-51　斑马线缺少人行横道标志

（3）缺少人行横道预告标识。如图 6-52 所示，到达人行横道之前缺少人行横道预告标识，不符合《道路交通标志和标线 第 3 部分：道路交通标线》（GB 5768.3—2009）的有关规定。针对此类隐患，应将人行横道预告标识及时补全。

图 6-52　缺少人行横道预告标识

6.4.3　交通设施

穿村过镇路段的交通安全设施问题包括交通设施缺失、交通设施不规范等。

（1）交通设施缺失。如图 6–53 所示，穿村过镇路段缺少相应的地名标志，导致驾驶人不能及时预判前方复杂的交通环境。针对此类隐患，应对穿村过镇路段的地名标志进行完善。

图 6–53　穿村过镇路段缺少地名标志

如图 6–54 所示，穿村过镇路段的两端缺少村庄标志，导致驾驶人不能及时预判前方复杂的交通环境。针对此类隐患，应对穿村过镇路段的村庄标志进行完善。

图 6–54　穿村过镇路段缺少村庄标志

如图 6–55 所示，穿村过镇路段学校区域缺少相应的警告、限速等交通安全设施，导致驾驶人对前方交通环境的注意力不够。针对此类隐患，应按《道路交

通标志和标线 第 8 部分：学校区域》（GB 5768.8—2018）中关于学校区域的规定，完善交通标志标线。

图 6-55　学校区域缺少相应标志标线

如图 6-56 所示，穿村过镇路段两侧边沟未铺装盖板，影响公路路侧容错性。针对此类隐患，应对路侧边沟未铺装盖板的路段进行盖板铺装。

图 6-56　穿村过镇路段边沟未铺装盖板

（2）交通设施不规范。如图 6-57 所示，村庄标志设置位置不合理，驾驶人进入村庄后才能看到，存在一定的交通安全隐患。针对此类隐患，应将村庄标志设置位置进行合理调整。

图 6-57　村庄标志设置位置不合理

如图 6-58 所示，穿村过镇路段道路中央设置的隔离设施不具备防撞能力，存在车辆穿越隔离栏发生对撞的风险。针对此类隐患，应在道路中央设置具有防撞能力的护栏。

图 6-58　隔离栏不具备防撞能力

6.4.4　道路限界

穿村过镇路段道路限界问题主要包括缺少道路边缘线、障碍物侵占道路限界、交通设施横向位置不合理、路侧违停车辆阻碍通行、占道经营阻碍通行等。

（1）缺少道路边缘线。如图 6-59 所示，穿村过镇路段的车道边缘线不完整，导致驾驶人夜间难以明确道路边界。针对此类隐患，应将缺少的车道边缘线补划完整。

图 6-59　穿村过镇路段车道边缘线不完整

（2）障碍物侵占道路限界。如图 6-60 所示，行道树枝叶侵入公路建筑限界，存在一定的交通安全隐患。针对此类隐患，应对侵入公路建筑限界的行道树枝叶进行修剪。

图 6-60　行道树侵占道路限界

如图 6-61 所示，垃圾箱、杂物、货物等障碍物侵入公路建筑限界，存在一定的交通安全隐患。针对此类隐患，应对侵入公路建筑限界的障碍物进行清理。

图 6-61　建筑垃圾侵占道路限界

（3）交通设施横向位置不合理。如图 6-62 所示，交通标志横向位置不合理，杆件混凝土基础占用步行空间，导致行人通行空间受到挤占，且会影响公路路侧容错性。针对此类隐患，应对影响行人通行的交通设施进行合理规划。

图 6-62　交通标志横向位置不合理

（4）路侧违停车辆阻碍通行。如图 6-63 所示，穿村过镇路段存在车辆在路侧违法停车的现象，一旦违停车辆阻碍通行，则容易导致追尾事故发生，或因车辆避让变道而发生剐蹭事故。针对此类隐患，相关部门应加强停车设施规划、违法停车治理等工作。

图 6-63　路侧违停车辆阻碍通行

（5）占道经营阻碍通行。如图 6-64 所示，穿村过镇路段占道经营影响公路主线安全运行，存在严重交通安全隐患。针对此类隐患，相关部门应对此区域占道经营问题进行综合治理。

图 6-64　占道经营阻碍通行

（6）拱形门洞侵占道路限界。如图 6-65 所示，此路段下穿拱形门洞，容易发生触顶事故。针对此类隐患，应对限制高度进行技术评估后重新合理设置限高标志。

图 6-65　限高标志设置不合理

6.5　其他路段排查

其他路段是指公路除交叉口、接入口、弯坡道、穿村过镇路段等以外的路段。其他路段主要涉及桥梁、路面、照明、护栏、限速等方面的安全隐患。

6.5.1　桥梁

桥梁路段交通安全隐患包括桥梁端头缺少路基护栏、桥梁混凝土护栏未与路侧波形护栏过渡处理、桥梁路段缺少限载标志等。

（1）桥梁端头缺少路基护栏。如图 6-66 所示，桥梁端头缺少护栏防护，存在车辆冲入河道的风险。针对此类隐患，应按《公路交通安全设施设计规范》（JTG D81—2017）的规定，增设桥梁端头路基护栏。

图 6-66　桥梁端头缺少路基护栏

（2）桥梁混凝土护栏未与路侧波形护栏过渡处理。如图 6-67 所示，桥梁混凝土护栏未与路侧波形护栏过渡处理，导致其安全防护强度不足。针对此类隐患，应按《公路交通安全设施设计细则》（JTG/T D81—2017）6.3.9 的规定，对桥梁护栏进行过渡处理。

图 6-67　桥梁混凝土护栏未与路侧波形护栏过渡处理

（3）桥梁路段缺少限载标志。如图 6-68 所示，桥梁两端缺少必要的限载标志，未能明确告知驾驶人桥梁的限制轴重或总质量，存在交通安全风险。针对此类隐患，应按交通运输部办公厅印发的《公路桥梁信息公示牌设置要求》《公路桥梁限载标志设置要求》等，对不能满足现行桥梁设计规范车辆荷载要求的桥梁两端设置限载标志。

图 6-68　桥梁路段缺少限载标志

6.5.2　路面

公路容易导致交通事故的路面隐患包括高差、破损、冰雪、不清洁等。

（1）路面高差过大。如图 6-69 所示，土路肩与沥青路面高差过大，影响公路路侧容错性，一旦机动车驶出沥青路面，则难以安全返回。针对此类隐患，应通过道路工程措施消除土路肩与沥青路面之间的高差。

图 6-69　路面高差过大

（2）路面破损严重。如图 6-70 所示，局部路段存在路面损坏，如坑槽较多、路面不平等问题，导致行车不平稳。针对此类隐患，应按《公路沥青路面养护技术规范》（JTG 5142—2019）的规定，对损坏的路面及时实施养护处理。

图 6-70　路面破损严重

（3）路面积水严重。如图 6-71 所示，局部路段雨后易出现积水，特别是在弯道、坡道等位置，容易导致车辆失控。针对此类隐患，应分析积水原因，并及时解决路面积水问题。

图 6-71　路面积水严重

（4）路面不清洁。如图 6-72 所示，路段被沙尘覆盖非常严重，路面摩擦系数已经大大改变，导致车辆刹车距离增大、容易发生侧滑等问题。针对此类隐患，应加强风沙防护，并及时清洁路面。

图 6-72　路面不清洁

6.5.3　护栏

护栏防护问题包括护栏端头处理不规范、路侧安全防护不足、边沟过深路段缺少路侧防护等。

（1）护栏端头处理不规范。如图 6-73 所示，护栏端头防护处理不符合《公路交通安全设施设计规范》（JTG D81—2017）6. 2. 13 的规定，包括未进行外展、未设置缓冲设施、缺少警示标记等。针对此类隐患，应对护栏端头进行规范处理。

图 6-73　护栏端头处理不规范

（2）路侧安全防护不足。如图 6-74 所示，公路临水路段路侧砖墙安全防护能力不足，不能代替护栏进行防护。针对此类隐患，应对临水路段增设护栏进行安全防护。

图 6–74　路侧安全防护不足

（3）边沟过深路段缺少路侧防护。如图 6–75 所示，公路路侧边沟过深，但缺少护栏进行防护，若机动车驶出路外将导致严重后果。针对此类隐患，应增设护栏进行路侧防护，并在护栏上同步设置轮廓标。

图 6–75　边沟过深路段缺少路侧防护

（4）护栏损坏严重。如图 6–76 所示，波形护栏已严重损坏，未及时进行养护处理，导致已不具备正常的防护能力。针对此类隐患，应对损坏的护栏及时进行养护，确保护栏防护能力不低于设计标准要求。

图 6-76　护栏损坏严重

（5）护栏端头立面标记方向错误。如图 6-77 所示，护栏端头的黄黑相间立面标记方向错误，存在误导驾驶人的可能。针对此类隐患，应按《公路交通安全设施设计规范》（JTG D81—2017）的规定，重新正确粘贴立面标记。

图 6-77　护栏端头立面标记方向错误

（6）路基波形护栏缺少有效连接。如图 6-78 所示，公路相邻两段路基波形护栏之间未进行有效连接与固定，导致护栏防护强度不足。针对此类隐患，应对路基波形护栏加强养护工作。

图 6-78　路基波形护栏缺少有效连接

（7）路基护栏防护长度不足。如图 6-79 所示，弯道外侧路基波形护栏防护长度不足，护栏起点设置在弯道外侧起点，车辆易在护栏端头前方冲出路外。针对此类隐患，应对弯道外侧护栏进行适当延长。

图 6-79　路基护栏防护长度不足

6.5.4　限制速度

公路限制速度问题包括限速值过高、限速值过低、限速值矛盾等。

（1）限速值过高。如图 6-80 所示，二级公路限速值采用 80km/h，限速值过高，由于缺少中央护栏，机动车对向碰撞后果比较严重。针对此类隐患，应对此

限速区的道路限速值进行科学论证。

图 6-80　公路限速值过高

（2）限速值过低。如图 6-81 所示，道路采用过低的限速值而无充分理由，违反《道路交通标志和标线 第 2 部分：道路交通标志》（GB 5768.2—2022）中“道路限速值不宜低于 30km/h”的规定。针对此类隐患，应对此限速区的道路限速值进行科学论证。

图 6-81　公路限速值过低

（3）限速值矛盾。如图 6-82 所示，限速标志设置混乱，同一位置同时设置不同限速值的限速标志，导致驾驶人产生疑惑。针对此类隐患，应对此位置的限速值进行科学论证，并移除多余的限速标志。

图 6-82　同一位置限速标志相互矛盾

第 7 章

交通工程技术分析

交通工程分析主要是对交通工程项目实施的必要性、可行性及其可能造成的交通影响、安全影响、环境影响及社会影响等进行技术分析，进而确保技术方案的合理性与先进性。本章主要涉及信号灯设置可行性分析、驾驶人路径选择行为分析、限速值优化分析、交通事故分析、自动驾驶测试道路认定分析等内容。

7.1　信号灯设置可行性分析

信号灯设置须有充分的科学依据。盲目安装信号灯可能增加交通延误，也会造成工程投资的浪费，有时甚至产生交通安全隐患；反之，应设未设信号灯可能造成交通堵塞，也可能导致交通事故。因此，分析信号灯设置的可行性非常必要。

下面将以某市金山北路—永安街交叉口为例，说明信号灯设置可行性分析的技术方法。

7.1.1　交叉口概况

金山北路—永安街交叉口位于望花立交桥西北一侧，南邻二环快速路，东邻南北快速干道，西邻鸭绿江北街。此交叉口目前无信号灯控制。交叉口位置如图 7-1 所示。

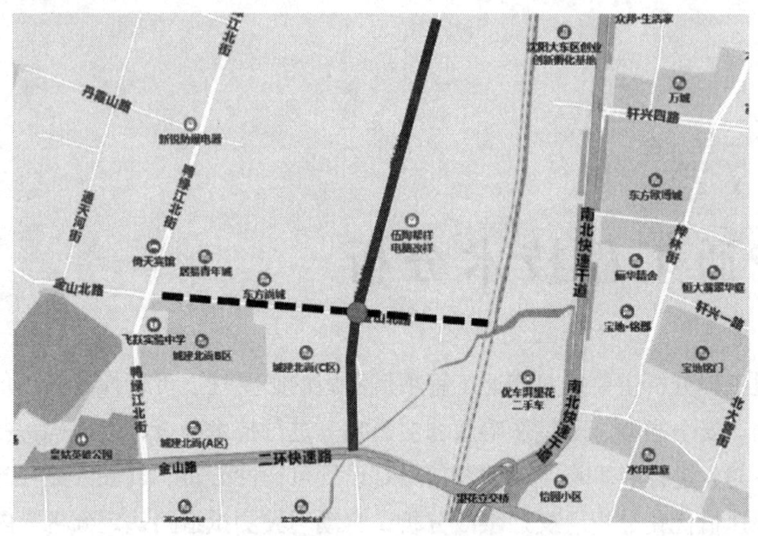

图 7-1　金山北路—永安街交叉口位置

7.1.2　交叉口类型分析

金山北路—永安街交叉口为十字交叉口，如图 7-2 所示。永安街为南北走向的支路，双向两条机动车道，交叉口南北两侧道路宽度不对称。金山北路为东西走向的支路，双向两条机动车道，交叉口东西两侧道路宽度不对称。

图 7-2　金山北路—永安街交叉口结构

按照《城市道路交叉口规划规范》（GB 50647—2011）相关规定，此交叉口为平 B3 类交叉口。依据《道路交通信号灯设置与安装规范》（GB 14886—2016），仅从路口类型条件判断，金山北路—永安街交叉口作为平 B3 类交叉口，不满足设置信号灯的条件。

7.1.3　交叉口流量分析

经统计，金山北路—永安街交叉口高峰小时机动车流量见表 7-1；白天连续 12 小时机动车流量见表 7-2。

表 7-1　金山北路—永安街交叉口高峰小时机动车流量

进口道	东进口	西进口	南进口	北进口
车流量（PCU/h）	12	516	540	300

表 7-2　金山北路—永安街交叉口连续 12 小时机动车流量

时段	车流量（PCU/h）			
	东进口	西进口	南进口	北进口
7：00~8：00	12	516	540	300
8：00~9：00	60	480	420	216
9：00~10：00	42	348	336	282
10：00~11：00	24	216	252	348
11：00~12：00	12	228	360	336
12：00~13：00	0	240	468	324
13：00~14：00	32	282	393	288
14：00~15：00	42	324	318	252
15：00~16：00	92	288	266	398
16：00~17：00	144	252	216	552
17：00~18：00	24	408	168	384
18：00~19：00	22	262	124	210

金山北路—永安街交叉口主要道路为南北走向的永安街。永安街为单向1条车道，双向高峰小时车流量为840PCU/h，即大于《道路交通信号灯设置与安装规范》（GB 14886—2016）表1的750PCU/h；次要道路为东西走向的金山北路，单向为1条车道，车流量较大的次要道路单向高峰小时车流量为516PCU/h，大于表1的300PCU/h。即从高峰小时车流量判断，金山北路—永安街交叉口满足设置信号灯的条件。

金山北路—永安街交叉口的主要道路（永安街）双向任意连续8小时的平均小时车流量介于632~679PCU/h，大于《道路交通信号灯设置与安装规范》（GB 14886—2016）表2的500PCU/h；此时车流量较大的次要道路（金山北路）单向连续8小时的平均小时车流量介于272~329PCU/h，大于表2的150PCU/h。即从路口任意连续8小时车流量判断，金山北路—永安街交叉口满足设置信号灯的条件。

7.1.4 交叉口其他方面分析

若将交叉口车流量条件的标准阈值降低至80%水平，次要道路的高峰小时车流量满足《道路交通信号灯设置与安装规范》（GB 14886—2016）5.1.4.1设置信号灯的条件。

依据金山北路—永安街交叉口结构可知，此交叉口不满足《道路交通信号灯设置与安装规范》（GB 14886—2016）5.1.4.2设置信号灯的条件。

考虑《道路交通信号灯设置与安装规范》（GB 14886—2016）5.1.4.3规定，此交叉口不在信号协调控制范围内，所以不满足此条设置信号灯的条件。

经调查，未发现此交叉口行人及非机动车通行需求较集中的情况，如图7-3所示。可见，金山北路—永安街交叉口的行人及非机动车过街不易导致交通拥堵或交通事故。因此，此交叉口不满足《道路交通信号灯设置与安装规范》（GB 14886—2016）5.1.4.4设置信号灯的条件。

图 7-3　金山北路—永安街交叉口交通运行

综上所述，金山北路—永安街交叉口已经达到《道路交通信号灯设置与安装规范》（GB 14886—2016）规定的信号灯设置标准。

7.2　驾驶人路径选择行为分析

由于受到驾驶人基本特性、交通状态、信息质量等多种因素的影响，驾驶人对于交通信息的需求往往具有较大差距，对于相同交通信息的反应也不尽相同。只有准确预测驾驶人的路径选择行为，才能够制定出更有效的交通管理方案。本节内容依托学术论文《基于 CART 改进模型的驾驶人路径选择行为估计方法》整理而成。

7.2.1　基础数据调查

在设计调查问卷前，应先确定驾驶人路径选择行为的影响因素。考虑以下两方面的因素设计调查问卷。

（1）驾驶人基本特性。

①城镇类型。不同类型城镇的路网规模、道路等级、交通问题等一般并不相同，导致驾驶人面对交通信息的反应也会不同。

②地区。不同地区的经济水平、文化特征、气候条件等方面往往具有较大差

别，导致驾驶人面对交通信息的反应亦不同。

③性别。驾驶人的路径选择行为与其性别存在密切联系。相比男性，女性通常更不易受到交通信息的影响。

④年龄。驾驶人的路径选择行为受其年龄的影响较大。相比老年人，年轻人通常更容易接受交通信息的引导。

⑤是否已婚。婚姻能使人们考虑问题的方式产生一定变化，因此，驾驶人是否已经结婚可能会对路径选择行为有所影响。

⑥受教育程度。驾驶人的路径选择行为与其学历高低有关。高学历者通常更容易接受新生事物。

⑦职业。不同职业的工作方式、生活规律、价值观念等方面往往具有一定差别，从而导致驾驶人面对交通信息的反应可能不同。

⑧是否从事全职工作。驾驶人路径选择行为与其是否从事全职工作有关。全职工作者往往更愿意选择替代路径。

⑨收入水平。驾驶人路径选择行为受其收入水平影响较大。随着家庭收入的增加，选择替代路径的意愿一般也会增加。

（2）道路交通状况。

①原路径异常状况严重程度。只有当原路径发生交通拥堵、事故等异常状况时，才有发布交通引导信息的必要。一般而言，驾驶人对异常状况持有一定的容忍度，原路径异常交通状况的严重程度越高，驾驶人选择替代路径的概率越大。

②原路径排队长度。伴随异常交通状况的发生，通常会形成机动车排队。作为反映原路径交通状态最直观的参数，排队长度对驾驶人路径选择的影响较大。原路径排队越长，驾驶人选择替代路径的概率越大。

③原路径延误时间。异常交通状况的发生势必造成交通延误。作为反映原路径交通状态最有效的参数，延误时间对驾驶人路径选择的影响较明显。原路径延误时间越长，驾驶人选择替代路径的概率越大。

④替代路径熟悉程度。在其他条件保持不变的情况下，驾驶人往往更愿意选择其熟悉的路径行驶。因此，驾驶人对替代路径的熟悉程度越高，其选择替代路径概率越大。

⑤替代路径长度。一般而言，驾驶人不会接受行驶距离过大的绕行路线。因此，替代路径越长，驾驶人选择替代路径的概率越小。

⑥替代路径拥挤程度。通常，相比原路径交通运行状况，替代路径的交通运

行状况更易影响驾驶人的路径选择行为。替代路径交通拥挤程度越高，驾驶人选择替代路径的概率越小。

⑦替代路径节省时间。只有替代路径行程时间小于原路径，才有必要推荐替代路径。作为反映替代路径优越性最有效的参数，节省时间对驾驶人路径选择影响较明显。替代路径节省时间越长，驾驶人选择替代路径概率越大。

⑧交通信息质量水平。交通信息的质量保障是驾驶人接受交通引导信息的基础条件。驾驶人获得的交通信息质量越高，其选择替代路径的概率越大。

为了扩大问卷发放量，作者除了采用常规方式对网站会员展开调查，还通过微信、QQ、Email 等方式对其他人群展开调查。为了提高问卷回收率，实行有奖问答、私人推荐等方式展开调查。最终成功回收电子问卷 540 份，其中有效问卷 490 份。

7.2.2　数据初步分析

为了判断驾驶人路径选择行为调查结果是否具有典型性、代表性，应对调查数据进行必要的初步分析。

如表 7-3 所示，被调查者是否已婚的比例差距较小；除了本、专科比例较高，被调查者的受教育程度比较均衡；被调查者的职业分布较平均；被调查者的收入水平较均衡，2000~4000 元所占比例稍大。被调查者多位于大、中型城市，所占比例超过 85%，原因在于目前县、乡所面临的交通问题还不突出，所以选取调查对象时有意偏向较大城市；由于男性驾驶人较多，所以被调查者多为男性；被调查者的年龄多分布于 20~50 岁，原因在于其为驾驶人主体年龄段；被调查者多从事全职工作，与我国社会职业结构相符。被调查者多位于东北、华北、华东三个地域，所占比例超过 85%。

表 7-3　驾驶人基本特性调查结果统计

特性编号	特性名称	取值	比例（%）
1	城镇类型	乡镇	5.1
		县级市	6.7
		地级市	46.9
		省会城市	26.3
		直辖市	15.0

续表

特性编号	特性名称	取值	比例（%）
2	地区	东北	55.7
		华北	20.6
		华东	11.4
		中南	4.5
		西北	3.3
		西南	4.5
3	性别	女	36.9
		男	63.1
4	年龄	小于20岁	4.1
		20~29岁	51.6
		30~39岁	27.3
		40~49岁	11.2
		50~59岁	4.5
		大于60岁	1.3
5	是否已婚	否	44.9
		是	55.1
6	受教育程度	小学或初中	12.0
		高中	12.7
		本科或专科	52.6
		硕士或博士	22.7
7	职业	学生	16.9
		公司职员	31.4
		公务员	6.8
		教师或医生	11.2
		自由职业	10.4
		其他	23.3
8	是否从事全职工作	否	23.1
		是	76.9

续表

特性编号	特性名称	取值	比例（%）
9	家庭月收入	小于 2000 元	18.4
		2000～4000 元	40.6
		4000～8000 元	26.9
		大于 8000 元	14.1

7.2.3　数据深度分析

下面利用二项 Logit 模型分析驾驶人路径选择行为。

Logit 模型选择项确定过程也是模型应变量的确定过程。驾驶人路径选择项集合包括两个元素：第一，驾驶人不服从引导信息，效用值设为“0”；第二，驾驶人服从引导信息，效用值设为“1”。

为了便于数学表达，需对驾驶人路径选择行为影响因素进行符号化、规范化处理，结果见表 7-4。

表 7-4　驾驶人路径选择影响分析 Logit 模型自变量定义

变量名称	符号	取值	取值转化
城镇类型	x_1	{乡镇；县级市；地级市；省会城市；直辖市}	{0 1 2 3 4}
地区	x_2	{东北；华北；华东；中南；西北；西南}	{0 1 2 3 4 5}
性别	x_3	{女；男}	{0 1}
年龄	x_4	{<20；20～29；30～39；40～49；50～59；>60}	{0 1 2 3 4 5}
是否已婚	x_5	{否；是}	{0 1}
受教育程度	x_6	{小学或初中；高中；本科或专科；硕士或博士}	{0 1 2 3}
职业	x_7	{学生；公司职员；公务员；教师或医生；自由职业；其他}	{0 1 2 3 4 5}

续表

变量名称	符号	取值	取值转化
是否从事全职工作	x_8	{否；是}	{0 1}
家庭月收入	x_9	{<2000；2000~4000；4000~8000；>8000}	{0 1 2 3}
原路径异常严重程度	x_{10}	{不严重；一般严重；比较严重；非常严重；不确定}	{0 1 2 3 4}
原路径排队长度	x_{11}	{<50m；50~100m；100~200m；200~400m；400~800m；>800m；不确定}	{0 1 2 3 4 5 6}
原路径延误时间比	x_{12}	{<0.5；0.5；1；2；>2；不确定}	{0 1 2 3 4 5}
替代路径熟悉程度	x_{13}	{不熟悉；一般熟悉；比较熟悉；非常熟悉}	{0 1 2 3}
替代路径长度比	x_{14}	{<0.5；0.5；1；2；>2；不确定}	{0 1 2 3 4 5}
替代路径拥挤程度	x_{15}	{不拥挤；一般拥挤；比较拥挤；非常严重；不确定}	{0 1 2 3 4}
替代路径节省时间比	x_{16}	{<0.5；0.5；1；2；>2；不确定}	{0 1 2 3 4 5}
交通信息质量	x_{17}	{质量低；质量一般；质量较高；质量很高；不确定}	{0 1 2 3 4}

考虑所有自变量，利用 SPSS 对 Logit 模型进行检验，结果见表 7-5。

表 7-5 驾驶人路径选择影响分析 Logit 模型初始检验

自变量	回归系数	标准差	Wald 检验	自由度	显著水平	发生比率
常数项	2.072	0.598	12.000	1	0.001	7.939
x_1	-0.092	0.131	0.492	1	0.483	0.912
x_2	-0.069	0.091	0.573	1	0.449	0.933
x_3	0.570	0.246	5.377	1	0.020	1.768

续表

自变量	回归系数	标准差	Wald 检验	自由度	显著水平	发生比率
x_4	-0.347	0.148	5.505	1	0.019	0.707
x_5	0.018	0.311	0.003	1	0.953	1.019
x_6	-0.109	0.164	0.439	1	0.507	0.897
x_7	0.010	0.078	0.016	1	0.900	1.010
x_8	0.547	0.303	3.272	1	0.070	1.729
x_9	0.022	0.146	0.023	1	0.879	1.022
x_{10}	-0.046	0.146	0.099	1	0.753	0.955
x_{11}	0.030	0.088	0.116	1	0.733	1.031
x_{12}	0.226	0.112	4.105	1	0.043	1.254
x_{13}	0.416	0.150	7.652	1	0.006	1.516
x_{14}	-0.305	0.106	8.347	1	0.004	0.737
x_{15}	-0.480	0.114	17.666	1	0.000	0.619
x_{16}	0.024	0.095	0.063	1	0.802	1.024

根据上表可以看出，各个自变量的 Wald 检验结果及其显著水平差别较大，说明不同自变量对应变量的影响程度具有较大差别。同时，某些自变量的 Wald 检验结果明显偏小，而且显著水平明显偏大。因此，应将影响程度较小的自变量剔除，以便提高驾驶人路径选择行为的估计效果。

综合考虑 Wald 检验结果及其显著水平，依次剔除 x_9、x_{17}、x_{16}、x_2、x_1、x_{11}、x_7、x_6、x_5、x_{10}。考虑剩余自变量，利用 SPSS 对 Logit 模型进行检验，结果见表 7-6。

表 7-6　驾驶人路径选择影响分析 Logit 模型最终检验

自变量	回归系数	标准差	Wald 检验	自由度	显著水平	发生比率
常数项	1.631	0.439	13.809	1	0.000	5.110

续表

自变量	回归系数	标准差	Wald 检验	自由度	显著水平	发生比率
x_3	0. 581	0. 241	5. 813	1	0. 016	1. 788
x_4	−0. 317	0. 116	7. 484	1	0. 006	0. 729
x_8	0. 516	0. 269	3. 691	1	0. 055	1. 675
x_{12}	0. 228	0. 084	7. 318	1	0. 007	1. 256
x_{13}	0. 403	0. 148	7. 426	1	0. 006	1. 496
x_{14}	−0. 290	0. 103	7. 972	1	0. 005	0. 748
x_{15}	−0. 467	0. 101	21. 343	1	0. 000	0. 627

根据上表可看出，各个自变量的 Wald 检验结果及其显著水平基本都可满足要求，即 Wald 检验结果大于 1，显著水平低于 0. 05，说明剩余自变量对应变量的影响较明显。

7. 3 限速值优化分析

激进的限速管理方案将会加大交通事故风险，保守的限速管理方案又会影响通行效率，从而造成道路资源浪费。因此，一旦发现限速管理方案已不符合实际需求，则应及时进行优化。

下面以某限速区为例，说明道路限速值优化分析的技术方法。

7. 3. 1 限速区概况

此限速区道路等级为二级公路，设计速度为 40km/h，双向具体里程为 K1839+700 至 K1819+180（西向东）与 K1818+680 至 K1839+400（东向西），如图 7-4 所示。

图 7-4　限速区位置

7.3.2　实车测试分析

（1）西向东。此限速区西向东方向实车测试结果如图 7-5 所示。由图可知，此限速区实车测试速度中有 6 处小于 60km/h，均处于弯道位置，最小值为 41.1km/h。

图 7-5　西向东方向实车测试结果

（2）东向西。此限速区东向西方向实车测试结果如图 7-6 所示。由图可知，此限速区实车测试速度中有 6 处小于 60km/h，均处于弯道位置，最小值为 41. 9km/h。

图 7-6　东向西方向实车测试结果

7. 3. 3　运行速度分析

按照《公路项目安全性评价规范》（JTG B05—2015）的要求，根据实车测试结果，取初始运行速度为 40km/h，期望速度为 65km/h，加速度为 0. 26m/s^2。此限速区的运行速度（85%位车速）西向东有 18 处小于 60km/h；东向西有 20 处小于 60km/h。

7. 3. 4　道路环境分析

（1）路侧开发程度。此限速区东、西部路侧开发程度较高，非机动车与行人较多；中部路侧开发程度较低，非机动车与行人较少。

（2）横断面布置。此限速区横断面形式为一幅路。具体参数为路基宽 9. 5m，路面宽 8m，双向两车道，行车道宽 4m，土路肩宽 0. 75m。

（3）视距条件。此限速区的弯道、交叉口及接入口的视距条件受树木影响较大，如图 7-7 所示。

图 7-7　限速区视距条件

（4）交通需求。此限速区高峰小时车流量超过 500 辆/h，如图 7-8 所示。大型车所占比例约为 7.2%，如图 7-9 所示；行人与非机动车流量较小。

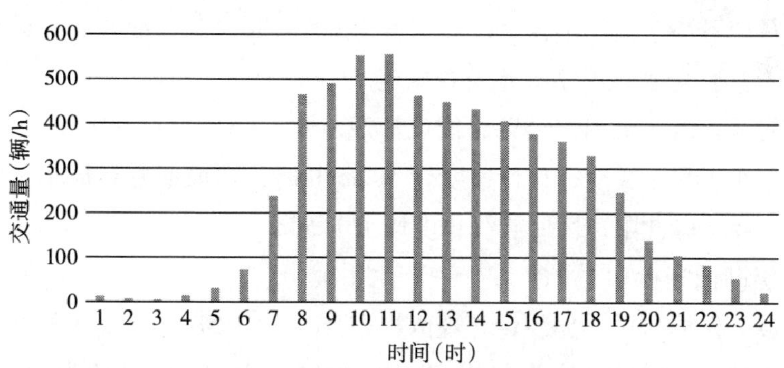

图 7-8　限速区车流量变化趋势

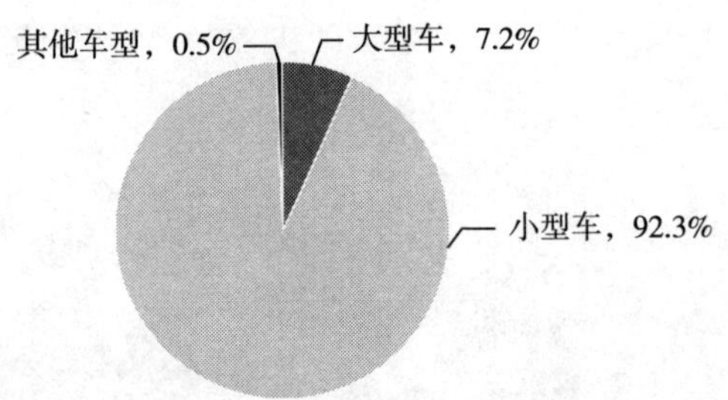

图 7-9　限速区车型构成比例

7.3.5　道路指标分析

（1）平面指标。

①平曲线长度。根据《公路路线设计规范》（JTG D20—2017）7.8.1 规定，平曲线长度应不小于最小长度，设计速度为 60km/h 时，选取平曲线最小长度为 100m。经检验此限速区有 7 处不符合规定。

②平曲线转角。根据《公路路线设计规范》（JTG D20—2017）7.8.2 规定，平曲线转角小于 7°，应设置较长的平曲线，设计速度为 60km/h 时，长度应大于 700m/转角。经检验此限速区有 2 处不符合规定。

③圆曲线半径。根据《公路路线设计规范》（JTG D20—2017）7.3.2 规定，圆曲线半径应不小于最小半径，设计速度为 60km/h 时，选取圆曲线最小半径为 125m。经检验此限速区有 7 处不符合规定。

④回旋线长度。根据《公路路线设计规范》（JTG D20—2017）7.4.3 规定，回旋线应不小于最小长度，设计速度为 60km/h 时，选取回旋线最小长度的标准值为 50m。经检验此限速区回旋线长度均小于 50m。

（2）纵断面指标。

①纵坡。根据《公路路线设计规范》（JTG D20—2017）8.2.1 规定，纵坡应不大于最大坡度，设计速度为 60km/h 时，选取最大坡度标准值为 6%。经检验此限速区纵坡坡度均小于 6%，符合规定。

②坡长。根据《公路路线设计规范》（JTG D20—2017）8.3.1 规定，纵坡坡长应不小于最小标准值，设计速度为 60km/h 时，选取最小标准值为 150m。经检验此限速区有 4 处不符合规定。

③竖曲线半径。根据《公路路线设计规范》（JTG D20—2017）8.6.1 规定，

竖曲线半径应不小于最小半径，设计速度为 60km/h 时，选取竖曲线（凸形）最小半径值为 1400m，竖曲线（凹形）最小半径值为 1000m。经检验此限速区有 1 处不符合规定。

④竖曲线长度。根据《公路路线设计规范》（JTG D20—2017）8. 6. 1 规定，竖曲线长度应不小于最小长度，设计速度为 60km/h 时，选取竖曲线的最小长度值为 50m。经检验此限速区竖曲线长度均大于 50m，符合规定。

⑤连续上坡或下坡路段。根据《公路路线设计规范》（JTG D20—2017）8. 3. 4 规定，二、三、四级公路连续上坡或者下坡路段，相对高差为 200~500m 时，平均纵坡应不大于 5. 5%；相对高差大于 500m 时，平均纵坡应不大于 5%。经检验此限速区的平均坡度均小于 5. 5%，符合规定。

综上所述，依据《中华人民共和国道路交通安全法》《中华人民共和国道路交通安全法实施条例》《道路交通标志和标线 第 5 部分：限制速度》（GB 5768. 5—2017）及《公路限速标志设计规范》（JTG/T 3381—02—2020）等规定，此限速区可采用如下道路限速值：

①西向东道路限速值为 60km/h；

②东向西道路限速值为 60km/h。

同时，建议在不满足 60km/h 通行条件路段前设置警告标志，并配置 40km/h 的建议速度标志。

7. 4　交通事故分析

随着道路交通需求不断增加，我国交通事故管理工作的形势愈加严峻。交通事故分析既是交通事故责任认定的重要基础，也是交通事故预防工作的决策依据。交通事故分析工作可从宏观与微观两个层面开展。

7. 4. 1　宏观交通事故分析

宏观交通事故分析多以大量历史事故数据为基础，统计分析交通事故的变化趋势、分布规律性、事故多发点段等。本小节内容依托学术论文《基于聚类分析的道路交通事故多发点段评价方法》整理而成。

（1）交通事故多发点段识别。系统聚类分析方法通过交通事故发生的空间点位信息，对各交通事故之间的距离进行计算，先将发生的交通事故各自归为一类，再将距离最近的2起交通事故聚为一类，以此类推，可将所有交通事故聚成一类。

考虑交通事故的空间点位信息及其特点，选择欧氏距离计算事故点位间的空间距离。在系统聚类中，度量数据间的亲疏程度非常关键，每一种距离测度都有相对应的聚类分析方法，衡量样本与小类、小类与小类之间亲疏程度的度量方法包括组间连接法、组内连接法、最近邻元素法、最远邻元素法、质心聚类法、中位数聚类法及瓦尔德法等。

不同的聚类分析方法表示不同类与类的距离计算方法，各种方法的聚类结果不一定完全相同，但一定相似。本书选择组间连接法对交通事故点位进行聚类。

交通事故多发点段的定长划分易于操作，但存在精准性差的缺点，所以本书提出一种动态变化的非定长事故多发点段划分方法。依据2019年公安部交管局印发的《公路交通事故多发点段及严重安全隐患排查工作规范（试行）》，可将道路最大单元长度定为2000m。根据相邻原则，如果下一单元道路长度内有事故发生，则划到上一点段长度内，直到点段达到最大长度为止。

（2）多发点段风险等级划分。本书基于当量事故率法对交通事故多发点段进行风险等级划分。具体做法是将当量事故数作为计算当量事故率的数据基础，计算公式为：

$$A = k_1x_1 + k_2x_2 + k_3x_3 \tag{7-1}$$

式中：A表示当量事故数；x_1、x_2、x_3分别表示事故数、死亡人数及受伤人数；k_1、k_2、k_3分别表示事故数、死亡人数及受伤人数的权重。

当量事故率的计算公式为：

$$D = \frac{A \cdot 10^6}{365 \cdot B \cdot l \cdot t} \tag{7-2}$$

$$\overline{D} = \frac{1}{n}\sum_{i=1}^{n} D_i \tag{7-3}$$

式中：D表示某个事故多发点段的当量事故率；B表示事故多发点段日均交通量（辆/d）；l表示事故多发点段的长度（km）；t表示统计年限；$\overline{D}$表示统计范围内事故多发点段平均当量事故率。

鉴别交通事故多发点段的最终目的在于预防交通事故，所以应对交通事故多发点段的风险等级进行划分，等级越高表示治理的紧迫性越强。交通事故多发点

段的风险等级划分标准见表 7-7。

表 7-7　交通事故多发点段风险等级划分标准

风险等级	分级标准	风险描述
三	$D \leqslant \overline{D}$	低风险
二	$\overline{D} < D \leqslant 1.5\overline{D}$	中风险
一	$D > 1.5\overline{D}$	高风险

7.4.2　微观交通事故分析

微观交通事故分析大多以典型事故个案信息为基础，利用仿真软件再现事故发生过程。本小节内容依托学术论文《追尾交通事故乘员损伤再现方法研究》《车辆与隧道墙体斜撞的仿真敏感度分析》等整理而成。

（1）研究思路。首先根据事故现场环境、车辆损伤情况等信息不断调整 PC-CRASH 仿真软件的输入参数。一旦车辆停止位置与现场位置相吻合，且行车轨迹与现场痕迹保持一致，则可输出仿真数据；同时利用 MADYMOD 仿真软件对事故现场乘员乘车环境进行建模；利用平均加速度法，选择合适的碰撞力交换时间，将 PC-CRASH 输出数据转化为 MADYMO 初始参数，模拟乘员运动过程；导出 MADYMO 模拟数据，分析乘员损伤原因及其损伤情况。如与乘员真实损伤情况相符，则证明方法可行。

（2）车辆碰撞仿真。20××年×月×日×地，小轿车 B 与越野车 A 发生剐蹭后，又被其后小轿车 C 追尾碰撞。造成 A 驾驶人与后排乘员（副驾驶侧）不同程度损伤，3 辆车均不同程度损坏。交通事故现场照片见图 7-10。

图 7-10　交通事故现场照片

PC-CRASH 具有丰富的车辆数据库，如果事故车型为进口车型，可在数据库中找到相应车型修改车模参数；如果事故车型为国产车型，需要找到相近的车辆模型进行近似替代，同时修改相应参数。事故车辆导入信息见表 7-8；PC-CRASH 事故仿真效果如图 7-11 所示。

表 7-8　事故车辆导入信息

指标	A 车	B 车	C 车
尺寸（cm）	4500×1820×1730	3950×1650×1505	4342×1840×1500
轴距（cm）	2700	2350	2650
前后悬（cm）	850/950	750/850	800/900
整备质量（kg）	1665	945	1705

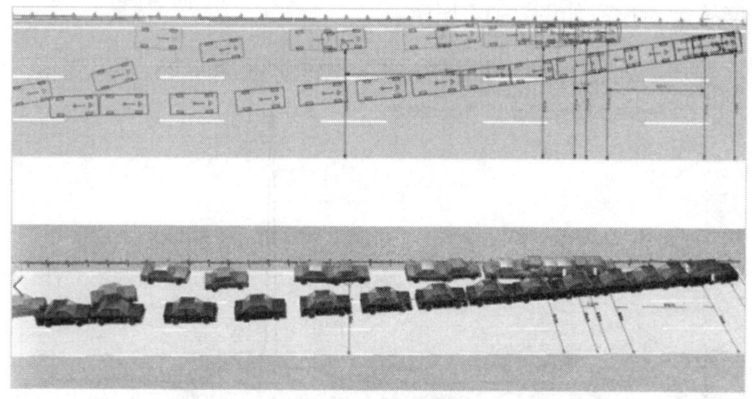

图 7-11　PC-CRASH 事故仿真效果

依据 PC-CRASH 输出数据可以看出，B 车在 1.2s 速度发生突变，B 车与 C 车在 1.2~1.201s 之间完成能量转换，碰撞持续时间取 50ms，利用平均加速度法对运动数据进行处理，结果如图 7-12 所示。

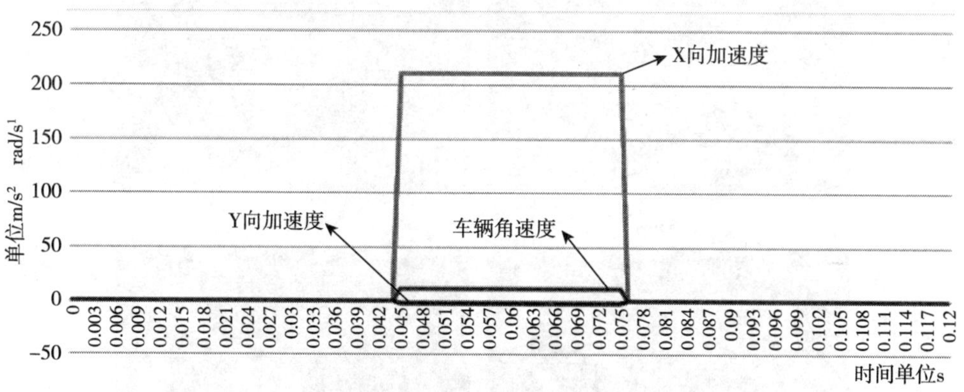

图 7-12　PC-CRASH 事故仿真结果

（3）乘员损伤仿真。MADYMO 乘员再现模型准备阶段主要构建乘员乘坐环境简易模型、假人定位及定义接触。案例事故不是百分之百正碰事故，因此采用指定运动法加载加速度曲线，最后加载假人体的重力场。

图 7-13 所示为假人的头部加速度曲线与胸部加速度曲线。当 T=65ms 时，胸部加速度达到最大值 1081.42m·s^{-2}，此时车体由于受到撞击改变运动方式，假人由于惯性继续向后运动，胸背部与后排座椅靠背发生接触；当 T=75ms 时，头部加速度达到最大值 3711.22m·s^{-2}，此时假人胸背部与座椅靠背发生接触，无法继续向后运动，头部由于惯性作用继续向后运动与后排座椅靠背上部发生接

触。乘员事故运动过程如图 7-14 所示。

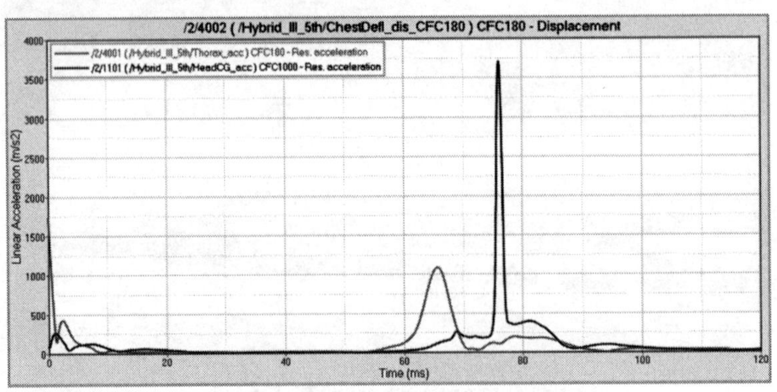

图 7-13　头胸部位加速度曲线

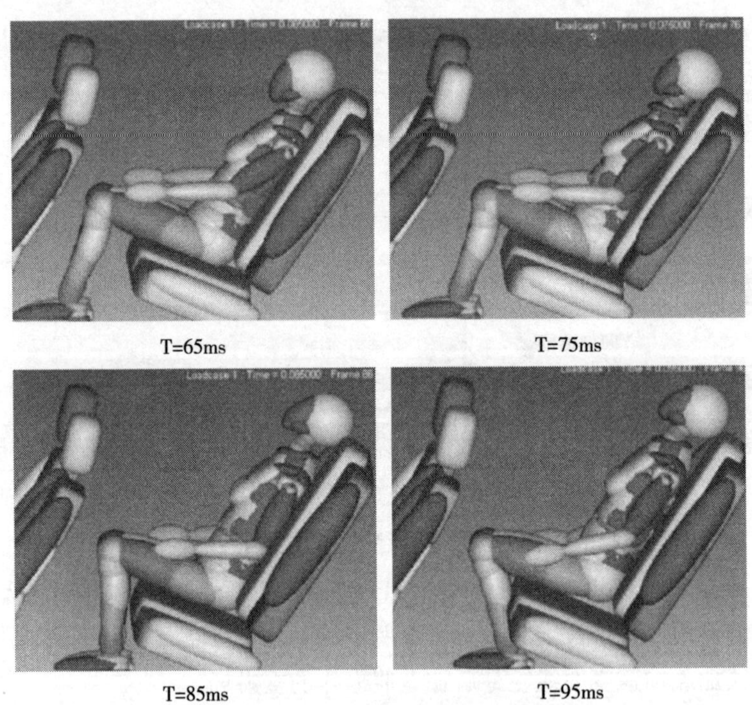

T=65ms　　T=75ms

T=85ms　　T=95ms

图 7-14　MADYMO 乘员事故运动过程

假人头部评价准则 HIC36 在 75.6～76.7ms 取最大值 2028.9，超过极限值 1000；假人胸部损伤准则 TC3MS 在 64.2～67.2ms 取最大值 83g，大于 60g。因此假人头部与胸部受到严重损伤，与尸体鉴定报告乘员多发骨折、大面积皮下软组织出血，伴多量血肿、颅脑严重损伤、心脏挫伤、胸腔积血，导致创伤性失血休

克死亡的结论相一致。

7.5　自动驾驶测试道路认定分析

为了保障自动驾驶测试过程的安全性，应对自动驾驶测试道路认定的可行性进行技术分析。对于不适合的测试道路应将其剔除；对于具有一定可行性的道路应对其整改，直至满足技术要求为止。

下面将以某市自动驾驶示范区为例，说明自动驾驶测试道路认定分析的技术方法。

7.5.1　必要性分析

目前国家或行业对于自动驾驶汽车项目的定位依然处于“测试”或“试点”阶段，也就是说，在现有的技术、管理、环境等条件下，自动驾驶汽车上路行驶仍有诸多不确定因素，而交通安全是重中之重。因此，有必要在道路认定阶段就将交通安全隐患消除或最小化。

（1）标准规范要求。《自动驾驶汽车试点城市要求（试行）》明确提出，“试点道路的交通信号、交通监控等设施应当符合国家法律法规和技术标准要求”。北京、上海等城市都提出“测试道路须满足《中华人民共和国道路交通安全法》的规定：信号灯、标志、标线的设置应符合交通安全、畅通的要求，并保持清晰、醒目、准确、完好”。

（2）交通安全要求。受车流量增加、交通环境变化、设施维护不利等因素的影响，目前我国的道路交通安全隐患仍然存在，特别是老街旧路的道路条件差、设施不规范、视距条件差等问题比较普遍，而且不同城市、不同区域或不同道路的交通安全水平参差不齐。

（3）交通管理要求。目前我国缺少涉自动驾驶汽车的交通事故处理法律依据，一旦发生争议较大的涉自动驾驶汽车交通事故，将给交通事故处理工作带来困扰。如果测试道路拥有完善的交通管理设施，则不仅可以减少交通事故的发生，同时也有利于明确事故责任。

（4）测试技术要求。无论是单车智能技术，还是车路协同技术，都需依赖道路交通设施明确自动驾驶汽车的通行规则，且从一定意义上讲，自动驾驶汽车对于道路交通设施的规范性、可靠性及可预测性要求更高。

（5）城市形象要求。目前自动驾驶汽车项目已经成为行业和全社会关注的热点，甚至成为代表一个城市科技水平的标杆。自动驾驶示范区将会成为诸多科技企业、行业专家及大量游客的必经之地，所以应尽可能保证测试道路齐全、规范、美观，这也是宣传城市形象的好机会。

7.5.2 总体环境分析

（1）天气环境。

要求：测试道路不应设于易发横风、团雾等极端天气的路段。

现状：经查此片区历史天气情况，未发生过此类极端天气，符合相关要求。

（2）交通环境。

要求：测试道路应避开中小学校、大型医院、商贸中心、地铁站等人流集散场所。

现状：经查此片区道路两侧分布有中小学校、大型医院、商业街及地铁站等人流集散场所。

建议：自动驾驶汽车途经中小学校、大型医院、商业街及地铁站等交通环境复杂场所时，应由安全员接管驾驶任务。

（3）路网连通性。

要求：测试道路应相互连通，不应有孤立道路。

现状：经查此片区道路相互连通，符合相关要求。

（4）路面环境。

要求：测试道路应为沥青、水泥或混凝土道路，路面应较为平整，病害较少，未发生严重积水。

现状：经查此片区部分道路有明显凹陷，路面平整度较差。

图 7-15　自动驾驶测试道路路面损毁情况

建议：针对不符合要求的道路进行路面补强，保证路面条件满足测试要求。

（5）停车秩序。

要求：测试道路停车秩序良好，不应存在常态化的违法停车。

现状：经查此片区部分道路两侧存在较多违停私家车，停车秩序较差。同时，部分违停车辆距离路侧开口较近，严重遮挡视距，存在交通安全隐患。

图 7-16　自动驾驶测试道路路内违法停车

建议：加强测试道路违法停车治理或增设机非隔离栏，改善停车秩序。

7.5.3 道路条件分析

（1）道路等级。

要求：测试道路应为城市道路或三级以上公路，且道路设计符合相关标准、规范的要求。

现状：经查此片区道路为城市道路，符合相关要求。

（2）道路长度。

要求：测试道路总长度应不小于 5km，同一路况测试道路长度不宜少于 200m。

现状：经查此片区测试道路总长度为 19.32km，符合相关要求。

（3）道路线形。

要求：测试道路不应包含急弯、陡坡等恶劣道路线形。

现状：经查此片区测试道路线形良好，符合相关要求。

（4）道路横断面。

要求：在道路条件允许的情况下，测试道路宜为实行中央隔离、机非隔离的道路。

现状：东顺城街（津桥路—大东路）路段为单幅路，机非未隔离；小什字街（津桥路—大东路）路段为单幅路，中央未隔离。

图 7-17 东顺城街缺少机非隔离栏

图 7-18　小什字街缺少中央隔离栏

建议：针对东顺城街（津桥路—大东路）路段增设机非隔离栏，同时结合公交车、出租车等停靠需求进行开口处的交通设计；针对小什字街（津桥路—大东路）路段增设中央隔离栏。

（5）出入口密度。

要求：测试道路路侧出入口不宜过多。

现状：小河沿路、管城二街等道路出入口密度偏高。

建议：针对测试道路出入口进行系统评估，科学开展出入口交通组织优化，对不具备条件改变现状且有安全隐患的出入口，建议采取以下安全措施：

①改善出入口视距条件；

②完善出入口渠化设计，增设停车让行标志标线；

③出入口增设减速丘、减速带等减速设施。

7.5.4　交通条件分析

（1）交通构成。

要求：测试道路大型车所占比例不宜过大。

现状：经查此片区是以小型车为主，大型车所占比例较低，符合相关要求。

（2）运行速度。

要求：开放测试城市道路运行速度应不高于 60km/h。

现状：经查此片区测试道路运行速度均低于 60km/h，符合相关要求。

(3) 交通事故。

要求：测试道路近3年内未发生特大交通事故。

现状：经查此片区近3年内未发生特大交通事故，符合相关要求。

7.5.5 视距条件分析

(1) 交叉口视距。

要求：视距不良的道路不宜用于自动驾驶汽车开放测试。

现状：经查此片区的部分交叉口存在视距被树木、建筑、围挡等遮挡的问题。

图 7-19 交叉口视距被树木遮挡

图 7-20 交叉口视距被围挡遮挡

建议：针对测试道路的交叉口视距条件进行系统评估，移除遮挡视距的障碍物，并对难以改善视距条件的交叉口开展渠化设计，同步增设让行标志、减速

带、凸面镜等交通安全设施。

（2）人行横道视距。

要求：视距不良的道路不宜用于自动驾驶汽车开放测试。

现状：经查此片区的部分人行横道受隔离栏、停放车辆、高架桥墩等影响，视距条件不良，存在交通安全隐患。

图 7-21　人行横道视距条件不良

建议：对人行横道处影响视距的停车位予以取消，同时适当优化隔离栏的高度。

7.5.6　交通管控分析

（1）交叉口数量。

要求：测试道路包含平面交叉口的数量应不少于 5 个，交叉口类型包括信号控制交叉口与无信号控制交叉口。

现状：经查此片区道路交叉口的数量及其管控方式符合相关要求。

（2）交叉口渠化。

要求：测试道路交叉口渠化方案应以交通安全为重，消除明显的安全隐患。

现状：经查此片区部分交叉口存在“2 进 1”的车道分配情况，易发生剐蹭交通事故；部分不满足视距条件的无信号控制交叉口按照减速让行方式开展交叉口渠化设计，存在交通安全隐患。

图 7-22　交叉口“2 进 1”车道分配

图 7-23　无信号控制交叉口让行方式不合理

建议：针对测试道路的交叉口渠化方案进行系统评估，并对存在安全隐患的交叉口重新进行渠化设计。

(3) 人行横道控制。

要求：测试道路应至少包括信号控制与无信号控制路段人行横道各一处。

现状：经查此片区人行横道数量及其管控方式符合相关要求。

(4) 行驶路线禁限。

要求：测试道路应不包含机动车驾考与危化品车辆通行路段。

现状：经查此片区附近有多个加油站，存在危化品车辆短时通行的可能性。

建议：应与危化品车辆管理部门建立信息共享机制，从而合理安排自动驾驶

汽车测试时间，避开危化品车辆通行时间段。

7.5.7　交通设施分析

（1）信号灯。

要求：测试道路交通信号灯的产品、设置及使用应符合相关标准规范要求。

现状：经查此片区部分交叉口缺少人行横道信号灯；部分交叉口人行横道信号灯损坏；部分交叉口左转箭头信号灯被人行横道信号灯遮挡；部分交叉口单柱式交通信号灯设在行车方向左侧。

图 7-24　缺少人行横道信号灯

图 7-25　人行横道信号灯损坏

图 7-26　人行横道信号灯遮挡左转箭头信号灯

图 7-27　信号灯设置位置不合理

建议：根据相关标准规范要求，完善此片区交通信号灯的产品、设置及使用。

（2）标志标线。

①数量。

要求：测试道路应至少包括 10 种以上与本路段交通组织有关的交通标志。

现状：经查此片区道路交通标志数量符合相关要求。

②识别性。

要求：测试道路交通标志标线应完好、清晰、明确。

现状：经查此片区小河沿路、大什字街、大北关街、小什字街、珠林路、东

边城路等道路的交通标线存在一定程度的磨损、不清晰、清除不彻底等问题。

图 7-28　交通标线磨损严重

图 7-29　交通标线清除不彻底

③规范性。

要求：测试道路交通标志标线应科学、合理，且应符合相关标准、规范的要求。

现状：经查此片区部分交通标志标线不规范，如路段人行横道标线处采用人行横道预告标识代替导向箭头、出租车临时乘降点标志版面不符合国标、信号控制交叉口设置停车让行标志等。

图 7-30　路段人行横道标线设置不规范

图 7-31　出租车临时乘降点标志版面不规范

图 7-32　信号控制交叉口错误设置让行标志

（3）隔离设施。

要求：测试道路交通隔离设施设置应符合相关标准规范的要求。

现状：经查此片区测试道路多处中央隔离栏、机非隔离栏的端头未进行处理，存在因车辆不易识别而发生碰撞的事故隐患。

图7-33　中央隔离栏端头未处理

图7-34　机非隔离栏端头未处理

建议：针对此片区中央隔离栏、机非隔离栏端头进行处理，增设立面标记、靠右行驶标志等设施。

（4）照明设施。

要求：对需开展夜间自动驾驶汽车测试的城市道路，应设置符合标准要求的照明设施。

现状：津桥路（滂江街—东顺城路）路段道路照明设施有损坏；小什字街（津桥路—大东路）路段道路照明设施夜间未启用；小河沿路（大什字街—滂江街）、大什字街（小河沿路—津桥路）等路段道路照明设施设置不足。

图 7-35　津桥路（滂江街—东顺城路）路段道路照明设施有损坏

图 7-36　小什字街（津桥路—大东路）路段道路照明设施夜间未启用

图 7-37　小河沿路（大什字街—滂江街）路段道路照明设施设置不足

建议：若在夜间进行自动驾驶汽车测试，则应避开照明条件不良路段，或对条件不良路段进行照明设施的提升整改。

综上所述，可将此片区作为自动驾驶汽车测试道路，但前提是对总体环境、道路条件、交通条件、视距条件、交通管控、交通设施等方面进行改进，具体建议如下：

（1）测试线路优化：自动驾驶汽车途经中小学校、大型医院、商业街及地铁站等交通环境复杂场所时，应由安全员接管驾驶任务；

（2）道路升级改造：针对不平整道路进行路面补强，保证路面条件满足测试要求；

（3）停车秩序整改：加强测试道路违法停车治理或增设机非隔离栏；

（4）交通设施标准化：交通标志、标线、信号灯、隔离等交通设施存在缺失、错误、不清晰、不规范等问题，应按照相关标准、规范进行排查整改；

（5）其他隐患排查整改：除了交通设施标准化问题，测试道路还存在交通组织、交通渠化、视距条件及照明条件等方面的交通安全隐患，应结合自动驾驶汽车测试需求进行排查整改。

主要参考文献

［1］GB/T 36670—2018. 城市道路交通组织设计规范［S］. 北京：中国建筑工业出版社，2018.

［2］GB 5768. 2—2022. 道路交通标志和标线 第 2 部分：道路交通标志［S］. 北京：中国标准出版社，2022.

［3］GB 5768. 4—2017. 道路交通标志和标线 第 4 部分：作业区［S］. 北京：中国标准出版社，2017.

［4］GB 51038—2015. 城市道路交通标志和标线设置规范［S］. 北京：中国计划出版社，2015.

［5］GB 5768. 1—2009. 道路交通标志和标线 第 1 部分：总则［S］. 北京：中国标准出版社，2009.

［6］GB 5768. 3—2009. 道路交通标志和标线 第 3 部分：道路交通标线［S］. 北京：中国标准出版社，2009.

［7］GB 14886—2016. 道路交通信号灯设置与安装规范［S］. 北京：中国标准出版社，2016.

［8］GB/T 31418—2015. 道路交通信号控制系统术语［S］. 北京：中国标准出版社，2015.

［9］GB 14887—2011. 道路交通信号灯［S］. 北京：中国标准出版社，2011.

［10］GA/T 508—2014. 道路交通信号倒计时显示器［S］. 北京：中国标准出版社，2014.

［11］GB 50688—2011. 城市道路交通设施设计规范［S］. 北京：中国计划出版社，2011.

[12] GB 50647—2011. 城市道路交叉口规划规范 [S]. 北京：中国计划出版社，2011.

[13] GB 50763—2012. 无障碍设计规范 [S]. 北京：中国建筑工业出版社，2012.

[14] GB 55011—2021. 城市道路交通工程项目规范 [S]. 北京：中国建筑工业出版社，2021.

[15] JTG D20—2017. 公路路线设计规范 [S]. 北京：人民交通出版社，2017.

[16] JTG D81—2017. 公路交通安全设施设计规范 [S]. 北京：人民交通出版社，2017.

[17] JTG B01—2014. 公路工程技术标准 [S]. 北京：人民交通出版社，2014.

[18] GB 5768.8—2018. 道路交通标志和标线 第8部分：学校区域 [S]. 北京：中国标准出版社，2018.

[19] JTG/T D81—2017. 公路交通安全设施设计细则 [S]. 北京：人民交通出版社，2017.

[20] JTG 5142—2019. 公路沥青路面养护技术规范 [S]. 北京：人民交通出版社，2019.

[21] JTG B05—2015. 公路项目安全性评价规范 [S]. 北京：人民交通出版社，2015.

[22] GB 5768.5—2017. 道路交通标志和标线 第5部分：限制速度 [S]. 北京：中国标准出版社，2017.

[23] JTG/T 3381—02—2020. 公路限速标志设计规范 [S]. 北京：人民交通出版社，2020.

[24] 常安德，王京，姜桂艳. 基于CART改进模型的驾驶人路径选择行为估计方法 [J]. 北京工业大学学报，2017，43（7）：1108-1116.

[25] 常安德，张朝旭，陈松. 基于聚类分析的道路交通事故多发点段评价方法 [J]. 中国人民公安大学学报（自然科学版），2020，26（2）：47-52.

[26] 常安德，朱晨阳，陈松. 追尾交通事故乘员损伤再现方法研究 [J]. 警察技术，2020，（4）：91-94.

[27] 常安德，朱晨阳. 车辆与隧道墙体斜撞的仿真敏感度分析 [J]. 中国刑警学院学报，2020，（2）：101-105.